Kotlin Programmierung

Schneller, sicherer, moderner Code für Profis

Philipp Sattler

Impressum

1. Auflage

ISBN:	9798343523539
Autor:	Philipp Sattler c/o COCENTER Koppoldstr. 1 86551 Aichach
Internet:	www.philippsattler.de
Mail:	hi@philippsattler.de

Über dieses Buch

Copyright

Haftungsausschluss

Inhalt

Kapitel 1: Einführung in Kotlin..1

1.1 Was ist Kotlin?..1

1.2 Geschichte und Entwicklung von Kotlin...2

1.3 Kotlin vs. Java: Unterschiede und Vorteile......................................2

1.4 Anwendungsbereiche von Kotlin..3

1.5 Erste Schritte: Einrichten der Entwicklungsumgebung....................4

Kapitel 2: Grundlagen der Sprache..6

2.1 Grundlegende Syntax und Variablen...6

        Explizite Typen..7

2.2 Datentypen und Typinferenz..7

2.3 Operatoren und Ausdrücke...9

2.4 Kontrollstrukturen: if, when, Schleifen..10

        if-Ausdruck...10

        when-Ausdruck.. 11

        Schleifen: for und while..12

2.5 Funktionen und Parameter...12

        Funktionen mit Standardwerten...13

        Variadische Parameter...13

Kapitel 3: Objektorientierte Programmierung (OOP) in Kotlin...........14

3.1 Klassen und Objekte...14

        Deklaration einer Klasse...14

        Erstellen von Objekten..15

        Primärkonstruktor...15

        Sekundärkonstruktor..16

3.2 Eigenschaften und Methoden..16

        Eigenschaften (Properties)..16

        Methoden...17

3.3 Vererbung..18

        Überschreiben von Methoden..18

3.4 Abstrakte Klassen und Methoden..19

        Abstrakte Klassen...19

Implementierung in Unterklassen..............................20

3.5 Interfaces..20

Deklaration eines Interfaces..........................20

Mehrfachvererbung mit Interfaces..................21

3.6 Datenklassen.......................................22

3.7 Kompakte Syntax für Klassen..................23

Kapitel 4: Funktionale Programmierung in Kotlin..............23

4.1 Funktionen als erstklassige Objekte..........24

Funktionen als Variablen...............................24

Funktionen als Parameter.............................24

Funktionen als Rückgabewert........................25

4.2 Lambda-Ausdrücke................................25

Deklaration von Lambda-Ausdrücken.............25

Kurzschreibweise für Lambda-Ausdrücke........26

4.3 Höhere Ordnungsfunktionen....................26

Beispiele für höhere Ordnungsfunktionen.......26

Vordefinierte höhere Ordnungsfunktionen........27

4.4 Unveränderliche Datenstrukturen.............28

Unveränderliche Listen.................................28

Unveränderliche Maps und Sets....................29

Vorteile der Unveränderlichkeit......................29

4.5 Extension Functions (Erweiterungsfunktionen)...........29

Deklaration einer Erweiterungsfunktion...........30

Erweiterung bestehender Klassen..................30

4.6 Rekursion und Tail-Recursion..................31

Beispiel einer rekursiven Funktion.................31

Tail-Recursion..31

Zusammenfassung......................................32

Kapitel 5: Null-Sicherheit in Kotlin..............................32

5.1 Nullable und Non-Nullable Typen.............33

Non-Nullable Typen.....................................33

Nullable Typen..33

5.2 Sichere Null-Prüfung..34

    Manuelle Null-Prüfung...34

    Smart Casts...34

5.3 Elvis-Operator...35

5.4 Sicherer Zugriff mit ?. (Safe Call).................................35

5.5 Unsicherer Zugriff mit !! (Not-Null Assertion)......................36

    Wann sollte !! verwendet werden?................................37

5.6 let-Funktion...37

    Mehrere let-Aufrufe verschachteln...............................38

5.7 run, apply, und andere Scoping-Funktionen..........................38

5.8 Zusammenarbeit mit Java und Null-Sicherheit........................39

    Beispiel: Umgang mit Java-Rückgabewerten........................39

5.9 Zusammenfassung...40

Kapitel 6: Klassen und Objekte in Kotlin................................ 40

6.1 Definition von Klassen...41

    Einfache Klasse...41

    Instanziierung einer Klasse.......................................41

6.2 Primäre und sekundäre Konstruktoren................................42

    Primärer Konstruktor...42

    Sekundäre Konstruktoren...42

    Initialisierungsblöcke...43

6.3 Vererbung..44

    Basisklasse und abgeleitete Klasse...............................44

    Verwendung von Vererbung..45

6.4 Data Classes..45

    Definition einer Data Class.......................................45

    copy-Funktion...46

6.5 Sealed Classes..46

    Beispiel einer Sealed Class.......................................46

    Verwendung mit when..47

6.6 Singletons mit object..47

Kotlin unterstützt die Definition von Singletons über das Schlüsselwort object. Eine object-Deklaration erstellt eine Klasse und eine Instanz dieser Klasse gleichzeitig..47

    Beispiel eines Singletons................................47

6.7 lateinit und by Delegation..............................48

    lateinit..48

    Delegation mit by..49

6.8 Zusammenfassung..50

Kapitel 7: Funktionale Programmierung in Kotlin.............50

7.1 Einführung in die funktionale Programmierung........... 51

    Wichtige Eigenschaften der funktionalen Programmierung:.. 51

7.2 Higher-Order-Funktionen...............................52

    Beispiel einer Higher-Order-Funktion................. 52

    Verwendung einer Higher-Order-Funktion............52

7.3 Lambda-Ausdrücke.......................................53

    Syntax eines Lambda-Ausdrucks..................... 53

    Verwendung von Lambdas............................. 53

    Kurzschreibweise bei Lambdas......................54

7.4 Funktionstypen...54

    Beispiel eines Funktionstyps......................... 54

    Funktion als Parameter.................................55

7.5 Inline-Funktionen...55

    Definition einer Inline-Funktion....................... 55

    Vorteile von Inline-Funktionen....................... 56

7.6 Immutabilität und Seiteneffekte.........................56

    Unveränderliche Daten................................56

    Vermeidung von Seiteneffekten......................56

7.7 Nützliche funktionale Konzepte in Kotlin................. 57

    map und filter..57

    fold und reduce..58

7.8 Zusammenfassung..58

Kapitel 8: Null-Sicherheit und Typ-System in Kotlin.............59

8.1 Null-Sicherheit in Kotlin................................ 59

    Nicht-nullbare Typen...................................59

Nullbare Typen..60

8.2 Sicherer Umgang mit Nullwerten....................................60

Sicherer Aufruf-Operator ?...60

Elvis-Operator ?:...61

Not-null-Assertion !!...61

8.3 Arbeiten mit nullbaren Typen..62

Let-Funktion..62

run und apply..62

8.4 Das erweiterte Typ-System von Kotlin............................63

Generics...63

Typinferenz...64

8.5 Smart Casts...64

Beispiel für Smart Casts...64

Sicherer Umgang mit Typen...65

8.6 Typ-Aliase..66

Beispiel für Typ-Aliase...66

8.7 Zusammenfassung...66

Kapitel 9: Erweiterungsfunktionen und -eigenschaften......67

9.1 Erweiterungsfunktionen..68

Definition einer Erweiterungsfunktion................................68

Verwendung der Erweiterungsfunktion..............................68

9.2 Erweiterungsfunktionen auf anderen Typen.....................69

Beispiel: Erweiterungsfunktion auf einer eigenen Klasse.. 69

9.3 Erweiterungsfunktionen und Sichtbarkeit........................70

Beispiel: Eingeschränkte Sichtbarkeit...............................70

9.4 Erweiterung vs. Vererbung...71

Beispiel: Statische Auflösung von Erweiterungsfunktionen...
71

9.5 Erweiterungseigenschaften..72

Beispiel: Erweiterungseigenschaft...................................72

9.6 Generische Erweiterungsfunktionen...............................73

Beispiel: Generische Erweiterungsfunktion........................73

9.7 Erweiterungen von Companion-Objekten.........................74

Beispiel: Erweiterung eines Companion-Objekts..............74

9.8 Zusammenfassung...75

Kapitel 10: Coroutine-basierte nebenläufige Programmierung..........76

10.1 Einführung in Coroutines..76

Wichtigste Merkmale von Coroutines:............................ 76

10.2 Grundlagen von Coroutines...77

Beispiel: Suspend-Funktion.. 77

10.3 Coroutine-Builder: launch und async...........................77

launch.. 78

async... 78

10.4 Coroutine Scopes..79

Beispiel: Verwendung von runBlocking...........................80

10.5 Dispatchers: Steuerung des Ausführungsorts von Coroutines....80

Beispiel: Verwenden von Dispatchers............................. 81

10.6 Jobs und Cancelling von Coroutines............................81

Beispiel: Coroutine abbrechen......................................82

10.7 Strukturierte Nebenläufigkeit.................................... 82

Beispiel: Strukturierte Nebenläufigkeit..........................83

10.8 Exception Handling in Coroutines............................... 84

Beispiel: Exception Handling mit try-catch......................84

10.9 Zusammenfassung...85

Kapitel 11: Fortgeschrittene Collection-Operationen........................ 85

11.1 Listen, Sets und Maps...86

11.2 Häufige Operationen auf Listen...................................86

flatMap...87

groupBy.. 87

partition..88

11.3 Sets und ihre besonderen Operationen........................88

union, intersect, subtract..88

11.4 Arbeiten mit Maps...89

mapKeys und mapValues.. 89

filterKeys und filterValues...90

11.5 Arbeiten mit Sequenzen...91

    Erstellen einer Sequenz..91

    Lazy Evaluation..91

    Effizienz von Sequenzen...91

11.6 Zusammenfassung..92

Kapitel 12: Erweiterungen und DSLs in Kotlin.............................93

12.1 Einführung in Erweiterungsfunktionen.......................................93

    Erweiterungsfunktion definieren..94

    Erweiterungsfunktionen und Vererbung.............................94

12.2 Erweiterungseigenschaften...95

    Beispiel für eine Erweiterungseigenschaft.......................96

12.3 Erweiterungsfunktionen für Standardklassen............................96

    Beispiel: Erweiterungsfunktion für Listen.........................96

12.4 Infix-Funktionen...97

    Erstellen einer Infix-Funktion..97

12.5 Einführung in DSLs...98

12.6 Erstellen einer einfachen DSL...98

    Beispiel einer HTML-DSL..99

    Erklärung des Beispiels:..101

12.7 Erstellen komplexerer DSLs..101

    Beispiel: DSL für Konfigurationsdateien.........................101

12.8 Zusammenfassung...103

Kapitel 13: Kotlin Multiplatform – Ein Code, viele Plattformen.........103

13.1 Was ist Kotlin Multiplatform?...104

13.2 Projektstruktur eines Multiplatform-Projekts............................105

13.3 Gemeinsamer Code..106

    Beispiel: Datenmodelle teilen...106

    Logik teilen...107

13.4 Plattformspezifischer Code...107

    Erwartete und tatsächliche Deklarationen.......................107

    Beispiel: Plattformübergreifender Zeitstempel...............108

13.5 Anwendungsfälle für Kotlin Multiplatform...............................109

1. Netzwerkschicht teilen.. 109

2. Geschäftslogik teilen...109

3. Datenspeicherung teilen... 110

13.6 Integration in bestehende Projekte.............................. 110

Schrittweise Integration in eine bestehende Android-App..... 110

13.7 Kotlin Multiplatform für mobile Entwicklung: Android und iOS... 110

Beispiel: Gemeinsame Geschäftslogik für eine mobile App.. 111

13.8 Tools und Bibliotheken für Kotlin Multiplatform.................. 111

13.9 Zusammenfassung.. 112

Kapitel 14: Coroutines und asynchrone Programmierung in Kotlin 113

14.1 Was sind Coroutines?..113

14.2 Grundlegende Coroutine-Mechanismen.......................... 114

Eine einfache Coroutine.. 114

14.3 Suspendierbare Funktionen (suspend)............................115

Beispiel: Eine suspendierbare Funktion............................ 115

14.4 Scopes und Coroutine Builder..................................... 116

Beispiel: Verwenden von Coroutine Scopes.................... 116

14.5 Asynchrone Berechnungen mit async und await.............. 117

Beispiel: Parallele Berechnungen mit async.................... 118

14.6 Fehlerbehandlung in Coroutines.................................. 119

Beispiel: Fehlerbehandlung mit try-catch........................ 119

14.7 Channels: Kommunikation zwischen Coroutines.............. 120

Beispiel: Verwendung eines Channels........................... 120

14.8 Coroutines und Threading.. 121

Beispiel: Verwenden von Dispatchern............................ 121

14.9 Anwendungsfälle von Coroutines................................ 122

14.10 Zusammenfassung... 123

Kapitel 15: Best Practices für Kotlin in der Produktion.................123

15.1 Code-Stil und Konventionen.......................................124

15.2 Null-Sicherheit effektiv nutzen.................................... 125

15.3 Vermeidung von Boilerplate-Code................................126

15.4 Testen von Kotlin-Code.. 127

15.5 Effiziente Speicher- und Ressourcenverwaltung.......................128

15.6 Erweiterungsfunktionen sinnvoll einsetzen.............................128

15.7 Sicherer Umgang mit Coroutines.. 129

15.8 Versionskontrolle und Continuous Integration..........................130

15.9 Dokumentation und Lesbarkeit des Codes...............................130

15.10 Zusammenfassung..131

Vorwort

Die Welt der Softwareentwicklung ist geprägt von ständiger Veränderung und Innovation. Entwickler sind kontinuierlich auf der Suche nach Werkzeugen und Sprachen, die es ihnen ermöglichen, effizienter, sicherer und produktiver zu arbeiten. In den letzten Jahren hat Kotlin sich als eine dieser Sprachen etabliert, die nicht nur Java-Entwickler begeistert, sondern auch zunehmend in anderen Bereichen wie Android, Backend- und Multiplattform-Entwicklung an Bedeutung gewinnt.

Dieses Buch richtet sich an Entwickler, die ihre Fähigkeiten erweitern und eine neue, moderne Programmiersprache erlernen wollen. Kotlin bietet eine Fülle von Funktionen, die nicht nur die Arbeit vereinfachen, sondern auch den Code sicherer und lesbarer machen. Vom reibungslosen Übergang von Java bis hin zur Entwicklung von hochgradig asynchronen Anwendungen mit Coroutines – Kotlin ist ein vielseitiges Werkzeug, das in vielen Bereichen der Softwareentwicklung überzeugen kann.

Kotlin ist mehr als nur eine neue Programmiersprache – es ist eine moderne, produktive und mächtige Sprache, die Ihnen helfen kann, bessere Software zu entwickeln. Ich lade Sie ein, auf dieser Reise in die Kotlin-Welt einzutauchen und die vielen Vorteile dieser Sprache für Ihre Projekte zu entdecken.

Ich hoffe, dieses Buch wird Ihnen nicht nur dabei helfen, Kotlin zu meistern, sondern auch Ihre Begeisterung für die Softwareentwicklung weiter entfalten.

Viel Erfolg und Freude beim Lernen!

Kapitel 1: Einführung in Kotlin

1.1 Was ist Kotlin?

Kotlin ist eine moderne, statisch typisierte Programmiersprache, die von **JetBrains** entwickelt wurde. Sie ist vollständig mit Java kompatibel und läuft auf der Java Virtual Machine (JVM). Kotlin wurde erstmals 2011 angekündigt und 2016 offiziell in Version 1.0 veröffentlicht. Seitdem hat sie sich zu einer der populärsten Sprachen für Android-Entwicklung und darüber hinaus entwickelt.

Einer der Hauptgründe für die Entwicklung von Kotlin war der Wunsch nach einer *ausdrucksstarken*, *sicheren* und *einfach zu wartenden* Sprache, die gleichzeitig alle Vorteile der JVM nutzen kann. Kotlin adressiert viele der Schwachstellen von Java und bietet Entwicklern eine präzisere und effektivere Art, Code zu schreiben.

Kotlin wird in verschiedenen Bereichen eingesetzt:

- **Mobile Entwicklung** (besonders Android)
- **Serverseitige Entwicklung** (Ktor, Spring Boot)
- **Webentwicklung** (Kotlin/JS)
- **Plattformübergreifende Entwicklung** (Kotlin Multiplatform)

Kotlin zeichnet sich besonders durch seine einfache Syntax, die starke Typsicherheit und seine Interoperabilität mit Java aus. Es ist nicht nötig, bestehende Java-Projekte komplett zu migrieren, da Kotlin und Java problemlos nebeneinander existieren können.

1.2 Geschichte und Entwicklung von Kotlin

Die Geschichte von Kotlin begann im Jahr 2010, als die Firma JetBrains, bekannt für beliebte IDEs wie IntelliJ IDEA, eine Sprache entwickeln wollte, die ihre internen Entwicklungsprozesse verbessern könnte. Das Ziel war es, eine *konkise, sichere* und *leistungsfähige* Sprache zu schaffen, die mit bestehenden Java-Projekten interagieren kann, ohne dass diese vollständig umgeschrieben werden müssen.

Im Februar 2016 wurde Kotlin 1.0 veröffentlicht, die erste stabile Version der Sprache. Ein Meilenstein in der Geschichte von Kotlin war, als Google im Jahr 2017 Kotlin als offizielle Sprache für die **Android-Entwicklung** ankündigte. Seitdem hat Kotlin rapide an Popularität gewonnen, vor allem unter Android-Entwicklern.

Die Entwicklung der Sprache wird heute noch aktiv von JetBrains vorangetrieben, unterstützt durch eine wachsende Community von Entwicklern und Enthusiasten. Neue Versionen von Kotlin bieten regelmäßig neue Sprachfeatures, Verbesserungen der Performance und stärkere Tools für Entwickler.

1.3 Kotlin vs. Java: Unterschiede und Vorteile

Obwohl Kotlin auf der JVM läuft und vollständig mit Java interoperabel ist, bietet es eine Reihe von signifikanten Verbesserungen und Unterschieden:

- **Prägnante Syntax:** Kotlin reduziert den Boilerplate-Code, der in Java oft notwendig ist. Funktionen und Konstrukte können in Kotlin viel kompakter und verständlicher ausgedrückt werden. Zum Beispiel erfordert das Erstellen von Getter- und Setter-Methoden in Kotlin keinen zusätzlichen Code, da die Sprache dies automatisch handhabt.
- **Null-Safety:** Eines der häufigsten Probleme in Java ist der berüchtigte `NullPointerException`, der bei Zugriff auf `null`-Referenzen entsteht. Kotlin behandelt dieses Problem

durch die Einführung von Null-Sicherheit direkt in die Sprache. Variablen müssen explizit als "nullable" deklariert werden, was viele Fehler zur Kompilierzeit statt zur Laufzeit erkennt.

- **Interoperabilität mit Java:** Kotlin wurde so entworfen, dass es vollständig mit Java-Code zusammenarbeiten kann. Dies bedeutet, dass bestehende Java-Bibliotheken und -Frameworks weiterhin genutzt werden können. Entwickler können Kotlin in bestehende Java-Projekte integrieren, ohne das gesamte Projekt umschreiben zu müssen.
- **Funktionale Programmierung:** Kotlin unterstützt viele funktionale Programmierparadigmen, wie **First-Class Funktionen**, **Lambdas** und **Higher-Order Funktionen**. Diese Konzepte machen den Code nicht nur kompakter, sondern auch leichter verständlich und wartbar.
- **Kotlin für die Android-Entwicklung:** Durch seine Syntax, die sich hervorragend für die Entwicklung von Android-Apps eignet, und seine Vorteile bei der Handhabung von Nebenläufigkeit durch Koroutinen hat Kotlin schnell den Platz von Java als bevorzugte Sprache in der Android-Community übernommen.

1.4 Anwendungsbereiche von Kotlin

Kotlin hat sich seit seiner Einführung in vielen Bereichen etabliert. Die wichtigsten Anwendungsbereiche sind:

- **Android-Entwicklung:** Kotlin wird von Google als primäre Sprache für die Android-Entwicklung empfohlen. Viele der neuen Android-Frameworks und Bibliotheken, wie **Jetpack Compose**, sind direkt für Kotlin optimiert.
- **Serverseitige Entwicklung:** Kotlin wird zunehmend für serverseitige Anwendungen eingesetzt, oft zusammen mit Frameworks wie **Ktor** oder **Spring Boot**. Dank seiner

Interoperabilität mit bestehenden Java-Frameworks können Entwickler Kotlin problemlos in traditionellen serverseitigen Umgebungen verwenden.

- **Webentwicklung:** Mit **Kotlin/JS** kann Kotlin für die Frontend-Webentwicklung eingesetzt werden. Es erlaubt Entwicklern, mit derselben Sprache sowohl server- als auch clientseitigen Code zu schreiben.
- **Kotlin Multiplatform:** Dies ist ein aufstrebender Bereich, in dem Kotlin verwendet wird, um Code für verschiedene Plattformen zu schreiben – JVM, Android, iOS, JavaScript und sogar native Umgebungen.

1.5 Erste Schritte: Einrichten der Entwicklungsumgebung

Um mit Kotlin zu starten, benötigen Sie eine geeignete Entwicklungsumgebung. Die beliebtesten IDEs für Kotlin sind **IntelliJ IDEA** (von JetBrains) und **Android Studio** (für Android-Entwicklung). Beide bieten hervorragende Unterstützung für Kotlin, einschließlich Features wie Code-Vervollständigung, Syntax-Highlighting und Refactoring-Tools.

Schritte zur Installation von Kotlin in IntelliJ IDEA:

1. **IntelliJ IDEA installieren:** Laden Sie die neueste Version von IntelliJ IDEA von der offiziellen JetBrains-Website herunter und installieren Sie sie.
2. **Kotlin-Projekt erstellen:** Starten Sie IntelliJ IDEA, klicken Sie auf "Neues Projekt" und wählen Sie "Kotlin/JVM" als Projekttyp.
3. **Konfiguration:** Wählen Sie einen Speicherort für Ihr Projekt und konfigurieren Sie das SDK (Software Development Kit). Sie können ein JDK (Java Development Kit) verwenden, das

bereits auf Ihrem System installiert ist, oder eines über IntelliJ herunterladen.

4. **Erstes Kotlin-Programm:** Erstellen Sie eine neue Datei mit der Endung .kt, z. B. Main.kt. Fügen Sie dann folgenden einfachen Code ein:

```
fun main() {
    println("Hello, Kotlin!")
}
```

5. **Ausführen des Programms:** Klicken Sie mit der rechten Maustaste auf die Datei und wählen Sie "Run" (oder verwenden Sie den Shortcut Shift + F10), um das Programm auszuführen.

Schritte zur Installation in Android Studio:

1. **Android Studio installieren:** Laden Sie Android Studio von der offiziellen Website herunter und installieren Sie es.
2. **Neues Kotlin-Projekt erstellen:** Android Studio unterstützt Kotlin standardmäßig. Beim Erstellen eines neuen Projekts können Sie Kotlin als Programmiersprache wählen.
3. **Android-SDK und Emulator konfigurieren:** Android Studio führt Sie durch die notwendigen Schritte zur Einrichtung des Android SDKs und eines Android-Emulators.
4. **Kotlin in bestehenden Projekten verwenden:** Falls Sie ein bestehendes Android-Projekt haben, können Sie Kotlin einfach über die Projektstruktur oder durch das Hinzufügen der Kotlin-Abhängigkeiten in der build.gradle-Datei aktivieren.

Mit dieser Einrichtung sind Sie bereit, in Kotlin zu programmieren. Im nächsten Kapitel lernen Sie die grundlegende Syntax von Kotlin und die ersten Schritte, um Kotlin-Code zu schreiben und zu verstehen.

Kapitel 2: Grundlagen der Sprache

Nachdem Sie die Entwicklungsumgebung eingerichtet haben und die ersten Schritte mit Kotlin unternommen wurden, ist es an der Zeit, die grundlegenden Konzepte und Syntax der Sprache zu verstehen. In diesem Kapitel lernen Sie die wichtigsten Bausteine von Kotlin kennen, die Ihnen die Basis für komplexere Anwendungen liefern.

2.1 Grundlegende Syntax und Variablen

In Kotlin gibt es zwei Schlüsselwörter, um Variablen zu deklarieren: `val` und `var`.

- `val` **(Value):** Wird verwendet, um unveränderliche (immutable) Variablen zu deklarieren. Das bedeutet, dass der Wert nach der Zuweisung nicht mehr geändert werden kann, ähnlich wie `final` in Java.
- `var` **(Variable):** Wird verwendet, um veränderliche (mutable) Variablen zu deklarieren. Der Wert kann nach der Zuweisung jederzeit geändert werden.

Beispiele:

```
val name = "Kotlin" // Unveränderliche Variable
var age = 25        // Veränderliche Variable
```

In diesem Beispiel wird die name-Variable mit dem Wert "Kotlin" deklariert und kann nicht mehr geändert werden. Die age-Variable hingegen kann später geändert werden:

```
age = 26   // Das ist erlaubt
```

Explizite Typen

Obwohl Kotlin den Datentyp einer Variable anhand des Werts automatisch erkennt (Typinferenz), können Sie den Typ auch explizit angeben:

```
val height: Double = 1.85   // Explizite Typangabe
```

Das ist besonders nützlich, wenn der Typ nicht direkt aus dem zugewiesenen Wert hervorgeht oder aus Gründen der Lesbarkeit.

2.2 Datentypen und Typinferenz

Kotlin ist eine statisch typisierte Sprache, was bedeutet, dass jede Variable zur Kompilierzeit einen festen Datentyp hat. Die häufigsten primitiven Datentypen in Kotlin sind:

- **Integer-Typen:**
  - Byte (8 Bit)
  - Short (16 Bit)
  - Int (32 Bit)
  - Long (64 Bit)
- **Gleitkommazahlen:**
  - Float (32 Bit)
  - Double (64 Bit)
- **Weitere Typen:**
  - Boolean (true oder false)

- Char (einzelnes Zeichen)
- String (Zeichenkette)

Kotlin bietet auch eine hervorragende Unterstützung für Typinferenz. Wenn Sie eine Variable deklarieren, erkennt der Compiler automatisch den richtigen Typ basierend auf dem zugewiesenen Wert:

```
val score = 100      // Int

val temperature = 36.6 // Double

val isActive = true // Boolean
```

Wenn nötig, können Sie explizit Typkonvertierungen durchführen:

```
val x: Int = 10

val y: Double = x.toDouble()   // Konvertierung von
Int zu Double
```

2.3 Operatoren und Ausdrücke

Kotlin unterstützt eine Vielzahl von Operatoren, die den meisten Entwicklern bekannt vorkommen, wenn sie von anderen Sprachen wie Java oder C++ kommen.

- **Arithmetische Operatoren:**
  - Addition: +
  - Subtraktion: -
  - Multiplikation: *
  - Division: /
  - Modulo (Rest): %

Beispiel: `val result = 10 + 5 // Ergebnis: 15`

- **Vergleichsoperatoren:**
  - Gleich: `==`
  - Ungleich: `!=`
  - Größer: `>`
  - Kleiner: `<`
  - Größer oder gleich: `>=`
  - Kleiner oder gleich: `<=`

Beispiel: `val isGreater = 10 > 5 // true`

- **Logische Operatoren:**
  - Und: `&&`
  - Oder: `||`
  - Nicht: `!`

Beispiel: `val isValid = (10 > 5) && (5 < 8) // true`

- **Zuweisungsoperatoren:**
  - Zuweisung: `=`
  - Plus und Zuweisung: `+=`
  - Minus und Zuweisung: `-=`
  - Weitere Kombinationen: `*=`, `/=`, `%=`

Beispiel:

```
var count = 10
count += 5 // Ergebnis: 15
```

2.4 Kontrollstrukturen: `if`, `when`, Schleifen

Kontrollstrukturen in Kotlin ähneln denen anderer Programmiersprachen, haben aber einige interessante Verbesserungen.

`if`-Ausdruck

In Kotlin ist `if` ein Ausdruck, das bedeutet, dass es einen Wert zurückgibt. Sie können `if` daher in Zuweisungen verwenden:

```
val max = if (a > b) a else b
```

In diesem Beispiel wird der Wert von a oder b, basierend auf der Bedingung, zugewiesen.

Sie können auch komplexere Bedingungen und Verzweigungen mit `else if` verwenden:

```
val status = if (age < 18) {
    "Minor"
} else if (age >= 18 && age < 65) {
    "Adult"
} else {
    "Senior"
}
```

`when`-Ausdruck

Der `when`-Ausdruck ersetzt in vielen Fällen `switch` aus anderen Sprachen und ist viel flexibler:

```
val result = when (x) {
    1 -> "One"
    2 -> "Two"
    else -> "Unknown"
}
```

when kann auch als Ersatz für komplexe if-Ketten verwendet werden und ermöglicht sogar Überprüfungen von Bedingungen:

```
val result = when {
    x % 2 == 0 -> "Even"
    x % 2 != 0 -> "Odd"

else -> "Unknown"
}
```

Schleifen: for und while

Kotlin unterstützt die klassischen Schleifenkonstrukte wie for und while.

- **for-Schleife:** Die for-Schleife wird verwendet, um über eine Menge von Elementen zu iterieren, wie eine Liste oder einen Bereich von Werten:

```
for (i in 1..5) {
    println(i)  // Ausgabe: 1, 2, 3, 4, 5
}
```

Sie können auch Schleifen über Arrays oder Listen schreiben:

```
val items = listOf("apple", "banana", "kiwi")
for (item in items) {
```

```
        println(item)
}
```

while-Schleife: Die while-Schleife führt eine Codeblock aus, solange eine Bedingung erfüllt ist:

```
var x = 5
while (x > 0) {
    println(x)
    x--
}
```

2.5 Funktionen und Parameter

Funktionen sind das Herzstück von Kotlin. Eine Funktion in Kotlin wird mit dem Schlüsselwort fun deklariert:

```
fun greet(name: String): String {
    return "Hello, $name"
}
```

Hier nehmen wir einen Parameter name vom Typ String und geben ebenfalls einen String zurück. Kotlin unterstützt **Interpolationen** (das Einfügen von Variablen in Strings), wie oben im Beispiel gezeigt.

Funktionen mit Standardwerten

Funktionen können Parameter mit Standardwerten haben, sodass diese nicht immer explizit übergeben werden müssen:

```
fun greet(name: String = "Guest"): String {
    return "Hello, $name"
}
```

In diesem Fall würde ein Aufruf von greet() die Ausgabe "Hello, Guest" erzeugen, da der Standardwert verwendet wird.

Variadische Parameter

Sie können auch Funktionen schreiben, die eine variable Anzahl von Argumenten akzeptieren:

```
fun sum(vararg numbers: Int): Int {
    var total = 0
    for (num in numbers) {
    total += num
    }
    return total
}

val result = sum(1, 2, 3, 4)   // Ergebnis: 10
```

Das Schlüsselwort vararg erlaubt es, eine unbestimmte Anzahl von Argumenten an die Funktion zu übergeben.

Kapitel 3: Objektorientierte Programmierung (OOP) in Kotlin

Kotlin ist eine objektorientierte Programmiersprache, was bedeutet, dass der Großteil des Codes um Objekte und deren Beziehungen herum strukturiert wird. In diesem Kapitel werden wir die Grundlagen der objektorientierten Programmierung (OOP) in Kotlin betrachten. Dazu gehören Klassen, Objekte, Vererbung, Schnittstellen, Abstraktion und einige erweiterte OOP-Konzepte.

3.1 Klassen und Objekte

In Kotlin sind Klassen Baupläne für Objekte. Ein Objekt ist eine Instanz einer Klasse, die spezifische Eigenschaften und Verhaltensweisen hat.

Deklaration einer Klasse

Eine Klasse in Kotlin wird mit dem Schlüsselwort `class` deklariert:

```
class Person {
    var name: String = ""
    var age: Int = 0
}
```

In diesem Beispiel haben wir eine einfache Klasse `Person` definiert, die zwei Eigenschaften hat: `name` vom Typ `String` und `age` vom Typ `Int`.

Erstellen von Objekten

Um ein Objekt einer Klasse zu erstellen, verwenden wir den Konstruktor der Klasse:

```
val person = Person()
person.name = "John"
person.age = 30
```

Hier erstellen wir ein Objekt `person` der Klasse `Person` und weisen den Eigenschaften `name` und `age` Werte zu.

Primärkonstruktor

Kotlin vereinfacht die Initialisierung von Objekten durch einen sogenannten **Primärkonstruktor**, der direkt in der Klassendeklaration definiert wird:

```
class Person(val name: String, var age: Int)
```

Diese Klasse Person hat nun einen Primärkonstruktor, der zwei Parameter akzeptiert: name und age. Der Parameter name wird als unveränderliche Eigenschaft (val) und age als veränderliche Eigenschaft (var) deklariert.

Um ein Objekt dieser Klasse zu erstellen, müssen wir die Werte direkt bei der Erstellung übergeben:

```
val person = Person("John", 30)
println(person.name)   // Ausgabe: John
println(person.age)    // Ausgabe: 30
```

Sekundärkonstruktor

Zusätzlich zum Primärkonstruktor können Sie auch **sekundäre Konstruktoren** in Kotlin definieren, falls Sie alternative Initialisierungsmöglichkeiten benötigen:

```
class Person(val name: String) {
    var age: Int = 0

    constructor(name: String, age: Int) :
this(name) {
    this.age = age
    }
}
```

In diesem Beispiel wird ein sekundärer Konstruktor definiert, der es ermöglicht, die Klasse sowohl mit nur einem Namen als auch mit einem Namen und einem Alter zu instanziieren.

3.2 Eigenschaften und Methoden

Eigenschaften (Properties)

In Kotlin können Sie Eigenschaften (Properties) deklarieren, die automatisch Getter und Setter erzeugen. Das macht den Code kürzer und übersichtlicher:

```
class Person {
    var name: String = "John"
    get() = field
    set(value) {
        field = value
    }
}
```

In den meisten Fällen können Sie jedoch auf manuelle Getter und Setter verzichten, da Kotlin diese automatisch generiert. Sie müssen nur eingreifen, wenn Sie die Logik anpassen möchten.

Methoden

Methoden sind Funktionen, die in einer Klasse definiert sind. Sie beschreiben das Verhalten eines Objekts. Um eine Methode in einer Klasse zu deklarieren, verwenden Sie das Schlüsselwort fun:

```
class Person(val name: String, var age: Int) {
    fun introduce() {
    println("Hi, I'm $name and I'm $age years old.")
    }
}
```

Jetzt können wir die Methode `introduce` auf einem Objekt der Klasse `Person` aufrufen:

```
val person = Person("John", 30)
person.introduce()   // Ausgabe: Hi, I'm John and I'm 30
years old.
```

3.3 Vererbung

Vererbung ist ein zentraler Bestandteil der objektorientierten Programmierung. Sie ermöglicht es, eine neue Klasse von einer bestehenden Klasse abzuleiten, wobei die neue Klasse die Eigenschaften und Methoden der Basisklasse erbt.
Deklaration von Vererbung

In Kotlin sind Klassen standardmäßig final, was bedeutet, dass sie nicht vererbt werden können. Um eine Klasse vererbbar zu machen, müssen Sie sie mit dem Schlüsselwort open kennzeichnen:

```
open class Animal(val name: String) {
    fun eat() {
    println("$name is eating.")
    }
}
```

Jetzt können wir eine Unterklasse erstellen, die von Animal erbt:

```
class Dog(name: String) : Animal(name) {
    fun bark() {
    println("$name is barking.")
    }
}
```

In diesem Beispiel erbt die Klasse Dog die Eigenschaft name und die Methode eat von der Klasse Animal. Sie fügt jedoch ihre eigene Methode bark hinzu.

Überschreiben von Methoden

Manchmal möchten Sie eine Methode in einer Unterklasse ändern. In Kotlin verwenden Sie das Schlüsselwort open, um eine Methode in der Basisklasse zu markieren, und das Schlüsselwort override, um sie in der abgeleiteten Klasse zu überschreiben:

```
open class Animal(val name: String) {
    open fun sound() {
    println("$name makes a sound.")
    }
}

class Dog(name: String) : Animal(name) {
    override fun sound() {
    println("$name barks.")
    }
}
```

Jetzt wird die Methode sound in der Dog-Klasse überschrieben, um ein spezifisches Verhalten für Hunde zu definieren.

3.4 Abstrakte Klassen und Methoden

Abstrakte Klassen dienen als Vorlage für andere Klassen und können nicht direkt instanziiert werden. Sie enthalten abstrakte Methoden, die in den Unterklassen implementiert werden müssen.

Abstrakte Klassen

Eine abstrakte Klasse wird mit dem Schlüsselwort `abstract` deklariert:

```
abstract class Animal(val name: String) {
    abstract fun sound()
}
```

Diese Klasse hat die abstrakte Methode `sound`, die von den Unterklassen implementiert werden muss.

Implementierung in Unterklassen

Unterklassen, die von einer abstrakten Klasse erben, müssen alle abstrakten Methoden implementieren:

```
class Dog(name: String) : Animal(name) {
    override fun sound() {
    println("$name barks.")
    }
}

class Cat(name: String) : Animal(name) {
    override fun sound() {
    println("$name meows.")
    }
}
```

In diesem Beispiel implementieren die Klassen `Dog` und `Cat` die abstrakte Methode `sound` und spezifizieren das jeweilige Verhalten.

3.5 Interfaces

Ein Interface in Kotlin ist eine Sammlung von abstrakten Methoden und Eigenschaften, die von einer Klasse implementiert werden müssen. Im Gegensatz zu einer Klasse können Sie von mehreren Interfaces gleichzeitig erben.

Deklaration eines Interfaces

Ein Interface wird mit dem Schlüsselwort `interface` deklariert:

```
interface Drivable {
    fun drive()
}
```

Jetzt kann jede Klasse, die dieses Interface implementiert, die Methode `drive` definieren:

```
class Car : Drivable {
    override fun drive() {
    println("The car is driving.")
    }
}
```

Mehrfachvererbung mit Interfaces

Eine Klasse kann mehrere Interfaces gleichzeitig implementieren:

```
interface Flyable {
    fun fly()
}

class FlyingCar : Drivable, Flyable {
    override fun drive() {
    println("The car is driving.")
    }

    override fun fly() {
```

```
        println("The car is flying.")
        }
}
```

Hier implementiert die Klasse `FlyingCar` sowohl das `Drivable`- als auch das `Flyable`-Interface und definiert die entsprechenden Methoden.

3.6 Datenklassen

Datenklassen sind eine spezielle Art von Klassen, die hauptsächlich für das Halten von Daten verwendet werden. Sie reduzieren Boilerplate-Code, indem sie automatisch Funktionen wie `toString()`, `equals()`, `hashCode()` und `copy()` generieren.

Eine Datenklasse wird mit dem Schlüsselwort `data` deklariert:

```
data class User(val name: String, val age: Int)
```

Sie können dann ein Objekt dieser Datenklasse erstellen und die automatisch generierten Funktionen nutzen:

```
fun main() {
    val user1 = User("Alice", 25)
    val user2 = user1.copy(age = 26)   // Erstellen
einer Kopie mit geändertem Alter

    println(user1)   // Ausgabe: User(name=Alice,
age=25)
    println(user2)   // Ausgabe: User(name=Alice,
age=26)
}
```

Hier wird user2 als Kopie von user1 erstellt, wobei das Alter geändert wird.

3.7 Kompakte Syntax für Klassen

Kotlin bietet auch eine kompakte Syntax für Klassen, um das Schreiben und Lesen von Code zu erleichtern. Hier ein Beispiel, das zeigt, wie man eine Klasse mit nur einer Zeile definieren kann:

```
class Rectangle(val width: Double, val height:
Double) {
    fun area() = width * height
}
```

Sie können nun das Flächenberechnungsverfahren auf die Rectangle-Klasse anwenden:

```
fun main() {
    val rectangle = Rectangle(5.0, 3.0)
    println("Die Fläche ist ${rectangle.area()}")
// Ausgabe: Die Fläche ist 15.0
}
```

Kapitel 4: Funktionale Programmierung in Kotlin

Neben der objektorientierten Programmierung (OOP) unterstützt Kotlin auch die funktionale Programmierung. Funktionale Programmierung ist ein Paradigma, bei dem Funktionen als erstklassige Bürger behandelt werden und ein hohes Maß an Abstraktion und Flexibilität bieten. In diesem Kapitel werden wir die Grundlagen der funktionalen Programmierung in Kotlin erkunden, einschließlich höherer Ordnungsfunktionen, Lambda-Ausdrücken, Funktionsreferenzen und Immutable Datenstrukturen.

4.1 Funktionen als erstklassige Objekte

In Kotlin sind Funktionen erstklassige Objekte, was bedeutet, dass Sie sie wie Werte behandeln können. Sie können Funktionen an Variablen zuweisen, sie als Parameter übergeben und als Rückgabewerte von anderen Funktionen zurückgeben.

Funktionen als Variablen

Sie können eine Funktion einer Variablen zuweisen und diese dann aufrufen:

```
val greet: (String) -> String = { name -> "Hello,
$name" }
println(greet("Alice"))  // Ausgabe: Hello, Alice
```

In diesem Beispiel wird eine Funktion, die einen String entgegennimmt und einen String zurückgibt, der Variablen greet zugewiesen. Sie können diese Funktion wie jede andere aufrufen.

Funktionen als Parameter

Sie können auch eine Funktion als Parameter an eine andere Funktion übergeben:

```
fun performOperation(a: Int, b: Int, operation:
(Int, Int) -> Int): Int {
    return operation(a, b)
}
val sum = performOperation(5, 3) { x, y -> x + y }
println(sum)  // Ausgabe: 8
```

In diesem Beispiel nimmt die Funktion performOperation zwei Ganzzahlen und eine Funktion als Parameter entgegen, die zwei Ganzzahlen verarbeitet und ein Ergebnis liefert. Wir übergeben eine Lambda-Funktion für die Addition, um die Berechnung durchzuführen.

Funktionen als Rückgabewert

Eine Funktion kann auch eine andere Funktion als Rückgabewert liefern:

```
fun createMultiplier(factor: Int): (Int) -> Int {
    return { number -> number * factor }
}

val double = createMultiplier(2)
println(double(5))    // Ausgabe: 10
```

Hier liefert die Funktion createMultiplier eine Funktion zurück, die eine Zahl mit einem bestimmten Faktor multipliziert.

4.2 Lambda-Ausdrücke

Lambda-Ausdrücke sind anonyme Funktionen, die direkt im Code verwendet werden können. Sie bieten eine kompakte Möglichkeit, Funktionen zu definieren und als Argumente zu übergeben.

Deklaration von Lambda-Ausdrücken

Ein Lambda-Ausdruck hat die folgende Syntax:

```
val sum: (Int, Int) -> Int = { a, b -> a + b }
```

In diesem Beispiel deklarieren wir einen Lambda-Ausdruck, der zwei `Int`-Werte entgegennimmt und ihre Summe zurückgibt. Der Ausdruck `{ a, b -> a + b }` stellt die Lambda-Funktion dar.

Kurzschreibweise für Lambda-Ausdrücke

Wenn eine Lambda-Funktion nur einen Parameter hat, können Sie das Schlüsselwort `it` verwenden, um auf diesen Parameter zuzugreifen, ohne den Parameter explizit zu benennen:

```
val square: (Int) -> Int = { it * it }
println(square(4))  // Ausgabe: 16
```

Hier wird das Schlüsselwort `it` verwendet, um auf den einzigen Parameter der Lambda-Funktion zuzugreifen.

4.3 Höhere Ordnungsfunktionen

Eine höhere Ordnungsfunktion ist eine Funktion, die andere Funktionen als Parameter akzeptiert oder eine Funktion zurückgibt. Diese Art von Funktion ermöglicht es Ihnen, flexiblere und wiederverwendbare Code-Logik zu schreiben.

Beispiele für höhere Ordnungsfunktionen

Nehmen wir ein Beispiel, bei dem eine höhere Ordnungsfunktion verwendet wird, um eine bestimmte Operation auf einer Liste von Werten durchzuführen:

```
fun applyOperationToList(numbers: List<Int>,
operation: (Int) -> Int): List<Int> {
    return numbers.map(operation)
}
```

```
val doubled = applyOperationToList(listOf(1, 2, 3,
4)) { it * 2 }
println(doubled)   // Ausgabe: [2, 4, 6, 8]
```

Die Funktion `applyOperationToList` nimmt eine Liste von Ganzzahlen und eine Funktion entgegen, die auf jedes Element angewendet wird. Wir übergeben eine Lambda-Funktion, die jedes Element verdoppelt.

Vordefinierte höhere Ordnungsfunktionen

Kotlin bietet eine Reihe von vordefinierten höheren Ordnungsfunktionen, die direkt auf Collections wie Listen und Arrays angewendet werden können. Einige der häufigsten sind:

- `map`: Wendet eine Funktion auf jedes Element einer Collection an und gibt eine neue Collection mit den Ergebnissen zurück.

```
val numbers = listOf(1, 2, 3)
val squares = numbers.map { it * it }
println(squares)   // Ausgabe: [1, 4, 9]
```

`filter`: Gibt eine neue Collection zurück, die nur die Elemente enthält, die einer bestimmten Bedingung entsprechen.

```
val numbers = listOf(1, 2, 3, 4, 5, 6)
val evenNumbers = numbers.filter { it % 2 == 0 }
println(evenNumbers)   // Ausgabe: [2, 4, 6]
```

26

reduce: Reduziert eine Collection auf einen einzigen Wert, indem eine Akkumulationsfunktion aufgerufen wird.

```
val numbers = listOf(1, 2, 3, 4)
val sum = numbers.reduce { acc, number -> acc +
number }
println(sum)   // Ausgabe: 10
```

Diese Funktionen sind äußerst nützlich, um komplexe Operationen auf Collections mit minimalem Boilerplate-Code durchzuführen.

4.4 Unveränderliche Datenstrukturen

Ein wichtiger Aspekt der funktionalen Programmierung ist die Verwendung von unveränderlichen Datenstrukturen. Unveränderlichkeit (Immutability) bedeutet, dass ein Objekt nach seiner Erstellung nicht mehr verändert werden kann.

In Kotlin gibt es spezielle Collections für unveränderliche Daten, wie List, Set und Map, die nicht verändert werden können.

Unveränderliche Listen

Eine unveränderliche Liste in Kotlin wird mit listOf erstellt:

```
val numbers = listOf(1, 2, 3)
```

Nach der Erstellung dieser Liste können keine Elemente hinzugefügt oder entfernt werden.

Unveränderliche Maps und Sets

Unveränderliche Map- und Set-Sammlungen werden ähnlich erstellt:

```
val map = mapOf(1 to "one", 2 to "two")
val set = setOf(1, 2, 3)
```

Diese Collections sind standardmäßig unveränderlich. Wenn Sie eine veränderliche Version benötigen, verwenden Sie `mutableListOf`, `mutableMapOf` oder `mutableSetOf`.

Vorteile der Unveränderlichkeit

Unveränderliche Datenstrukturen haben viele Vorteile, insbesondere in der funktionalen Programmierung:

- **Vorhersagbarkeit**: Da unveränderliche Objekte nicht verändert werden können, ist es einfacher, den Zustand eines Programms nachzuvollziehen.
- **Nebenwirkungsfreiheit**: Da unveränderliche Objekte nicht modifiziert werden können, sind sie sicherer zu verwenden, insbesondere in nebenläufigen Umgebungen.
- **Leichtere Fehlervermeidung**: Unveränderliche Objekte vermeiden viele häufige Programmierfehler, die durch versehentliche Änderungen an Objekten verursacht werden.

4.5 Extension Functions (Erweiterungsfunktionen)

Kotlin ermöglicht es, Funktionen zu existierenden Klassen hinzuzufügen, ohne sie direkt zu verändern. Diese Funktionalität wird **Erweiterungsfunktionen** genannt.

Deklaration einer Erweiterungsfunktion

Eine Erweiterungsfunktion wird wie eine normale Funktion definiert, aber sie wird mit dem Typ, den Sie erweitern möchten, verbunden:

```
fun String.reverse(): String {return
this.reversed()
}

println("Kotlin".reverse())   // Ausgabe: niltoK
```

In diesem Beispiel wird die `String`-Klasse um eine neue Methode `reverse` erweitert, die den Text umkehrt. Sie können diese Funktion jetzt auf jedes `String`-Objekt anwenden.

Erweiterung bestehender Klassen

Mit Erweiterungsfunktionen können Sie auch Standardklassen wie `List` erweitern:

```
fun List<Int>.sumAll(): Int {
    return this.reduce { acc, i -> acc + i }
}

val numbers = listOf(1, 2, 3, 4)
println(numbers.sumAll())   // Ausgabe: 10
```

Hier wird die `List`-Klasse um eine Funktion `sumAll` erweitert, die die Summe aller Elemente berechnet.

4.6 Rekursion und Tail-Recursion

Rekursion ist ein grundlegendes Konzept in der funktionalen Programmierung. Eine Funktion ist rekursiv, wenn sie sich selbst aufruft.

Beispiel einer rekursiven Funktion

Nehmen wir eine rekursive Funktion, um die Fakultät einer Zahl zu berechnen:

```
fun factorial(n: Int): Int {
    return if (n == 1) 1 else n * factorial(n - 1)
}

println(factorial(5))  // Ausgabe: 120
```

In diesem Beispiel ruft sich die Funktion `factorial` selbst auf, um die Fakultät zu berechnen.

Tail-Recursion

Rekursive Funktionen können den Stack überlasten, wenn sie zu tief verschachtelt sind. Kotlin bietet jedoch eine Optimierung in Form von **Tail-Recursion**. Wenn der rekursive Aufruf der letzte Aufruf in einer Funktion ist, kann Kotlin den Aufruf optimieren, um einen Stacküberlauf zu vermeiden.

Sie können eine Funktion als tail-rekursiv kennzeichnen, indem Sie das Schlüsselwort `tailrec` verwenden:

```
tailrec fun factorial(n: Int, result: Int = 1): Int {
    return if (n == 1) result else factorial(n -
1, n * result)
}
println(factorial(5))  // Ausgabe: 120
```

Mit dieser Optimierung wird die Rekursion effizienter und speichersicherer ausgeführt.

Zusammenfassung

In diesem Kapitel haben wir die funktionale Programmierung in Kotlin erkundet. Wir haben uns angesehen, wie Funktionen als erstklassige Objekte behandelt werden, Lambda-Ausdrücke und höhere Ordnungsfunktionen verwendet werden können und wie wichtig unveränderliche Datenstrukturen sind. Außerdem haben wir Erweiterungsfunktionen und rekursive Programmierung untersucht. Diese Konzepte sind entscheidend, um die funktionalen Aspekte von Kotlin voll auszunutzen und sauberen, modulareren und flexibleren Code zu schreiben.

Kapitel 5: Null-Sicherheit in Kotlin

Eine der größten Stärken von Kotlin ist sein Ansatz zur **Null-Sicherheit**. In vielen Programmiersprachen, insbesondere in Java, kann der Umgang mit `null`-Werten oft zu Fehlern führen, insbesondere zum berüchtigten „NullPointerException" (NPE). Kotlin adressiert dieses Problem durch eine Null-Sicherheitsstruktur, die Entwickler dazu zwingt, Null-Werte explizit zu behandeln. In diesem Kapitel werden wir die Konzepte von Null-Sicherheit, die verschiedenen Techniken zum Umgang mit Null-Werten und die Vermeidung von NPE in Kotlin erläutern.

5.1 Nullable und Non-Nullable Typen

In Kotlin unterscheidet man zwischen **Nullable-** und **Non-Nullable**-Typen. Diese Unterscheidung ist der Kern des Null-Sicherheitsansatzes.

Non-Nullable Typen

Standardmäßig sind alle Variablen in Kotlin **non-nullable**, d. h., sie können keine `null`-Werte enthalten. Wenn Sie versuchen, einer

31

nicht-nullbaren Variablen den Wert null zuzuweisen, führt das zu einem Compilerfehler:

```
var name: String = "Alice"
name = null  // Compilerfehler: Null kann einem
Nicht-Null-Typ nicht zugewiesen werden
```

In diesem Beispiel erwartet die Variable name immer einen String-Wert und kann nicht null sein.

Nullable Typen

Wenn Sie möchten, dass eine Variable null sein kann, müssen Sie den Typ explizit als **nullable** deklarieren. Dies geschieht, indem Sie dem Typ ein Fragezeichen (?) hinzufügen:

```
var name: String? = "Alice"
name = null  // Dies ist erlaubt, da der Typ
`String?` nullable ist
```

In diesem Fall kann die Variable name entweder einen String oder null enthalten.

5.2 Sichere Null-Prüfung

Da nullable Typen null enthalten können, zwingt Kotlin Sie, eine explizite Prüfung durchzuführen, bevor Sie auf die Variable zugreifen. Dies verhindert versehentliche Zugriffe auf null-Werte, die zu NPEs führen könnten.

Manuelle Null-Prüfung

Die einfachste Methode, um mit nullable Typen umzugehen, ist eine **manuelle Null-Prüfung** mit einem `if`-Statement:

```
val name: String? = "Alice"
if (name != null) {
    println(name.length)
}
```

Hier wird nur dann auf die Eigenschaft `length` zugegriffen, wenn der Wert von `name` nicht `null` ist.

Smart Casts

Kotlin erkennt automatisch, dass eine Variable nach einer erfolgreichen Null-Prüfung nicht mehr `null` sein kann, und führt einen sogenannten **Smart Cast** durch. Das bedeutet, dass Sie nach der Prüfung ohne explizites Casting auf die Variable zugreifen können:

```
val name: String? = "Alice"
if (name != null) {
    println(name.length)  // `name` wird hier
automatisch als `String` behandelt, kein Cast
notwendig
}
```

Smart Casts reduzieren den Boilerplate-Code und machen den Umgang mit nullable Typen effizienter und lesbarer.

5.3 Elvis-Operator

Der **Elvis-Operator** (?:) ist eine Kurzform für eine Null-Prüfung und ermöglicht es Ihnen, einen Standardwert zu definieren, falls ein nullable Wert `null` ist:

```
val name: String? = null
val length = name?.length ?: 0
println(length)  // Ausgabe: 0
```

In diesem Beispiel wird, falls `name null` ist, der Wert 0 als Standardwert verwendet. Ansonsten wird die Länge des Strings zurückgegeben.

Der Elvis-Operator ist äußerst nützlich, um Standardwerte für nullable Typen festzulegen, ohne manuelle Null-Prüfungen durchführen zu müssen.

5.4 Sicherer Zugriff mit ?. (Safe Call)

Kotlin bietet den **sicheren Zugriff** mit dem Operator ?., um auf nullable Variablen zuzugreifen, ohne explizite Null-Prüfungen zu schreiben. Wenn der Wert `null` ist, wird der Ausdruck einfach übersprungen und `null` zurückgegeben, ohne eine Ausnahme auszulösen:

```
val name: String? = null
println(name?.length)  // Ausgabe: null
```

In diesem Fall gibt der Ausdruck `name?.length` einfach `null` zurück, anstatt eine Exception zu werfen.

Der sichere Zugriff ist besonders praktisch, wenn Sie auf eine Reihe von nullable Variablen zugreifen müssen:

```
val person: Person? = null
val street = person?.address?.street  // Greift
sicher auf verschachtelte nullable Eigenschaften zu
```

Hier greifen wir auf die verschachtelte Eigenschaft street zu, und jede dieser Eigenschaften könnte null sein. Wenn eine der Eigenschaften null ist, gibt der gesamte Ausdruck null zurück, ohne eine Ausnahme zu werfen.

5.5 Unsicherer Zugriff mit !! (Not-Null Assertion)

Der **Not-Null Assertion Operator** (!!) erlaubt es Ihnen, dem Compiler explizit zu sagen, dass ein nullable Wert sicher nicht null ist, und zwingt Kotlin dazu, die Null-Prüfung zu umgehen. Wenn der Wert jedoch tatsächlich null ist, wird eine **NullPointerException** ausgelöst:

```
val name: String? = null
println(name!!.length)  // NullPointerException
wird hier ausgelöst
```

Der Not-Null Assertion Operator sollte mit Vorsicht verwendet werden, da er die Null-Sicherheitsgarantie von Kotlin umgeht und zu den gleichen Fehlern führen kann wie in anderen Sprachen.

Wann sollte !! verwendet werden?

Verwenden Sie !! nur, wenn Sie sicher sind, dass ein nullable Wert niemals null sein wird. Andernfalls sollten Sie sicherere

Alternativen wie den Elvis-Operator oder sichere Zugriffe (?.) verwenden.

5.6 let-Funktion

Die `let`-**Funktion** ist eine der am häufigsten verwendeten Funktionen in Kotlin für den Umgang mit nullable Werten. Sie ermöglicht es, eine Lambda-Funktion auf einem nullable Wert auszuführen, wenn dieser nicht `null` ist:

```
val name: String? = "Alice"
name?.let {
    println(it.length)
}
```

In diesem Beispiel wird die Länge des Strings nur dann ausgegeben, wenn `name` nicht `null` ist. Die Variable `it` innerhalb der Lambda-Funktion referenziert den nicht-nullbaren Wert von `name`.

Mehrere let-Aufrufe verschachteln

Sie können mehrere nullable Werte mit verschachtelten `let`-Aufrufen sicher verarbeiten:

```
val person: Person? = getPerson()
person?.let { p ->
    p.address?.let { a ->
    println(a.street)
    }
}
```

36

In diesem Beispiel wird der Code innerhalb der verschachtelten let-Blöcke nur dann ausgeführt, wenn sowohl person als auch address nicht null sind.

5.7 run, apply, und andere Scoping-Funktionen

Neben der let-Funktion gibt es weitere **Scoping-Funktionen**, die in Kotlin häufig verwendet werden, um den Umgang mit nullable Werten zu erleichtern:

- **run**: Ähnlich wie let, führt jedoch die Lambda-Funktion auf this aus, anstatt auf it.

```
val name: String? = "Alice"
val length = name?.run { this.length }
println(length)   // Ausgabe: 5
```

apply: Wird häufig verwendet, um ein Objekt zu konfigurieren und das gleiche Objekt zurückzugeben. Es verwendet this als Kontext.

```
val person = Person().apply {
    name = "Alice"
    age = 30
}
```

Diese Funktionen bieten eine kompakte Möglichkeit, auf nullable Objekte zuzugreifen und mit ihnen zu arbeiten, ohne explizite Null-Prüfungen zu schreiben.

5.8 Zusammenarbeit mit Java und Null-Sicherheit

Wenn Sie mit Java-Bibliotheken arbeiten, müssen Sie besonders vorsichtig sein, da Java keine Null-Sicherheit bietet. Kotlin führt in solchen Fällen standardmäßig eine weniger strenge Typprüfung durch und behandelt alle Java-Rückgabewerte als **plattformnullbare Typen** (String! anstelle von String oder String?).

Beispiel: Umgang mit Java-Rückgabewerten

Wenn Sie eine Methode aus einer Java-Bibliothek aufrufen, die möglicherweise null zurückgibt, behandelt Kotlin den Rückgabewert als plattformnullbaren Typ:

```
val javaString: String? =
JavaClass.getStringFromJava()
```

In solchen Fällen sollten Sie explizit prüfen, ob der Rückgabewert null ist, bevor Sie ihn verwenden. Andernfalls riskieren Sie eine NullPointerException.

5.9 Zusammenfassung

Die Null-Sicherheit von Kotlin ist ein mächtiges Werkzeug, das dazu beiträgt, typische Fehler in der Programmierung zu vermeiden, insbesondere die berüchtigte NullPointerException. Durch die Verwendung von nullable und non-nullable Typen zwingt Kotlin Entwickler dazu, null explizit zu behandeln und damit sichereren und stabileren Code zu schreiben.

In diesem Kapitel haben wir folgende Konzepte besprochen:

- **Nullable und Non-Nullable Typen** und ihre Verwendung.

- **Null-Prüfungen** und Techniken wie den **sicheren Zugriff** und den **Elvis-Operator**.
- Der **Not-Null Assertion Operator** (`!!`), der mit Vorsicht zu verwenden ist.
- `let`-**Funktion** und andere nützliche Scoping-Funktionen wie `run` und `apply`.
- Den Umgang mit Java-Bibliotheken und die Plattformnullbarkeit.

Mit diesen Tools können Sie Null-Werte in Kotlin auf sichere Weise handhaben und vermeiden, dass unerwartete Null-Werte zu Fehlern in Ihrer Anwendung führen.

Kapitel 6: Klassen und Objekte in Kotlin

In diesem Kapitel werden wir uns mit Klassen und Objekten in Kotlin beschäftigen, die zentrale Bausteine der objektorientierten Programmierung (OOP) darstellen. Kotlin bietet eine flexible und moderne Implementierung dieser Konzepte und hebt sich dabei von vielen traditionellen Programmiersprachen ab. Wir werden uns die Definition von Klassen, Konstruktoren, Vererbung und spezielle Klassenarten wie `data class`, `sealed class` und `object` ansehen. Zusätzlich behandeln wir die Schlüsselwörter `lateinit` und `by` zur besseren Verwaltung von Objekten und Eigenschaften.

6.1 Definition von Klassen

Eine Klasse in Kotlin wird mit dem Schlüsselwort `class` definiert. Klassen sind Entitäten, die Eigenschaften und Funktionen enthalten. Kotlin erlaubt es Ihnen, Klassen auf eine sehr einfache und deklarative Weise zu definieren.

Einfache Klasse

Hier ein Beispiel einer einfachen Klasse Person:

```
class Person(val name: String, var age: Int)
```

In diesem Beispiel definieren wir eine Klasse Person, die zwei Eigenschaften hat: name und age. Der Konstruktor der Klasse ist direkt in der Klassendefinition enthalten. Die Eigenschaft name ist **unveränderlich** (mit val deklariert), während age **veränderlich** (mit var deklariert) ist.

Instanziierung einer Klasse

Eine Klasse wird durch einen Aufruf des Konstruktors instanziiert:

```
val person = Person("Alice", 30)
println(person.name)   // Ausgabe: Alice
println(person.age)    // Ausgabe: 30
```

Hier wird ein Objekt der Klasse Person erstellt und die Werte für name und age werden im Konstruktor übergeben.

6.2 Primäre und sekundäre Konstruktoren

Kotlin unterscheidet zwischen **primären** und **sekundären Konstruktoren**. Der primäre Konstruktor ist in der Klassendefinition enthalten, während sekundäre Konstruktoren innerhalb des Klassenkörpers definiert werden können.

Primärer Konstruktor

Der primäre Konstruktor wird direkt in der Klassendefinition angegeben, wie im vorherigen Beispiel. Falls keine besonderen Initialisierungen erforderlich sind, genügt der primäre Konstruktor:

```
class Car(val make: String, val model: String, val
year: Int)
```

Sekundäre Konstruktoren

Sekundäre Konstruktoren ermöglichen es, alternative Wege zur Instanziierung eines Objekts zu definieren. Sie werden innerhalb des Klassenkörpers mit dem Schlüsselwort constructor definiert:

```
class Car {
    var make: String
    var model: String
    var year: Int

    constructor(make: String, model: String) {
    this.make = make
    this.model = model
    this.year = 2024  // Standardwert
    }

    constructor(make: String, model: String,
year: Int) {
    this.make = make
    this.model = model
    this.year = year
    }
}
```

In diesem Beispiel bietet die Klasse Car zwei Konstruktoren: Einen, bei dem das Baujahr automatisch auf 2024 gesetzt wird, und einen anderen, bei dem das Baujahr übergeben werden kann.

Initialisierungsblöcke

Falls zusätzliche Initialisierungslogik benötigt wird, können Sie in Kotlin einen **Init-Block** verwenden. Dieser Block wird während der Instanziierung der Klasse ausgeführt:

```kotlin
class Car(val make: String, val model: String) {
    val fullDescription: String

    init {
    fullDescription = "$make $model"
    println("Auto erstellt: $fullDescription")
    }
}
```

Der init-Block wird immer ausgeführt, wenn ein Objekt instanziiert wird, und kann zur Initialisierung von Eigenschaften verwendet werden, die nicht direkt im Konstruktor initialisiert werden.

6.3 Vererbung

Kotlin unterstützt Klassenvererbung, jedoch sind Klassen standardmäßig **final**, d. h., sie können nicht abgeleitet werden. Um eine Klasse vererbbar zu machen, muss sie mit dem Schlüsselwort open markiert werden.

Basisklasse und abgeleitete Klasse

Hier ist ein Beispiel für eine Basisklasse Animal und eine abgeleitete Klasse Dog:

```
open class Animal(val name: String) {
    open fun makeSound() {
    println("$name macht ein Geräusch.")
    }
}

class Dog(name: String) : Animal(name) {
    override fun makeSound() {
    println("$name bellt.")
    }
}
```

In diesem Beispiel erbt die Klasse Dog die Eigenschaften und Funktionen der Basisklasse Animal, überschreibt jedoch die Methode makeSound.

Verwendung von Vererbung

Sie können die abgeleitete Klasse wie folgt verwenden:

```
val dog = Dog("Rex")
dog.makeSound()   // Ausgabe: Rex bellt.
```

Die Methode makeSound wird in der abgeleiteten Klasse Dog überschrieben, sodass sie spezialisierte Funktionalität bietet.

6.4 Data Classes

Kotlin bietet spezielle Klassen, sogenannte **Data Classes**, die hauptsächlich zur Speicherung von Daten verwendet werden. Eine data class bietet automatisch generierte Methoden wie toString(), equals(), hashCode() und copy().

Definition einer Data Class

Eine `data class` wird ähnlich wie eine normale Klasse definiert, jedoch mit dem Schlüsselwort `data`:

```
data class User(val name: String, val age: Int)
```

Durch die Deklaration als `data class` generiert Kotlin automatisch sinnvolle Implementierungen für Standardmethoden:

```
val user1 = User("Alice", 30)
val user2 = User("Alice", 30)
println(user1 == user2)  // Ausgabe: true (equals
ist überschrieben)
println(user1)  // Ausgabe: User(name=Alice, age=30)
```

Data Classes sind sehr praktisch, wenn Sie Klassen benötigen, die hauptsächlich dazu dienen, Daten zu kapseln.

copy-Funktion

Eine der nützlichsten Funktionen von `data class` ist die `copy`-Funktion, die eine Kopie eines Objekts erstellt und bei Bedarf einzelne Eigenschaften ändert:

```
val user1 = User("Alice", 30)
val user2 = user1.copy(age = 31)
println(user2)  // Ausgabe: User(name=Alice,
age=31)
```

6.5 Sealed Classes

`sealed class` (versiegelte Klassen) in Kotlin sind Klassen, die eine eingeschränkte Vererbung ermöglichen. Alle Unterklassen einer `sealed class` müssen in der gleichen Datei wie die Basisklasse definiert werden. Dies eignet sich gut für die Modellierung von festen Zuständen oder Zustandsmaschinen.

Beispiel einer Sealed Class

Hier ein Beispiel einer `sealed class`, die verschiedene Arten von Ergebnissen modelliert:

```
sealed class Result
class Success(val data: String) : Result()
class Error(val message: String) : Result()
```

Durch den Einsatz einer `sealed class` wissen Sie, dass es nur die Klassen `Success` und `Error` als mögliche Untertypen von `Result` gibt.

Verwendung mit when

Der große Vorteil einer `sealed class` besteht darin, dass Sie den `when`-Ausdruck verwenden können, um alle möglichen Fälle abzudecken, ohne einen `else`-Zweig zu benötigen:

```
fun handleResult(result: Result) {
    when (result) {
    is Success -> println("Erfolg: ${result.data}")
    is Error -> println("Fehler: ${result.message}")
}
}
```

Hier decken Sie alle möglichen Fälle ab, und falls später eine neue Unterklasse von `Result` hinzugefügt wird, erzwingt der Compiler eine Aktualisierung dieses `when`-Blocks.

6.6 Singletons mit `object`

Kotlin unterstützt die Definition von **Singletons** über das Schlüsselwort `object`. Eine `object`-Deklaration erstellt eine Klasse und eine Instanz dieser Klasse gleichzeitig.

Beispiel eines Singletons

Hier ein Beispiel eines Singleton-Objekts:

```
object Database {
    val name = "MainDB"
    fun connect() {
    println("Verbindung zur Datenbank $name
hergestellt.")
    }
}
```

Sie können auf dieses Singleton wie auf eine normale Klasse zugreifen, jedoch ohne es instanziieren zu müssen:

```
Database.connect()  // Ausgabe: Verbindung zur
Datenbank MainDB hergestellt.
```

`object`-Deklarationen eignen sich hervorragend für Klassen, die nur eine einzige Instanz benötigen, z. B. für Datenbankverbindungen oder Konfigurationsklassen.

6.7 `lateinit` und `by` Delegation

Kotlin bietet spezielle Mechanismen für das verzögerte Initialisieren von Variablen sowie für die Delegation von Eigenschaften.

`lateinit`

Mit dem Schlüsselwort `lateinit` können Sie eine Variable deklarieren, ohne sie sofort zu initialisieren. Diese Variable muss später initialisiert werden, bevor sie verwendet wird:

```
class Person {
    lateinit var name: String
    fun initName(name: String) {
    this.name = name
    }
}
```

`lateinit` ist besonders nützlich bei der Verwendung von Dependency Injection oder in Fällen, in denen die Initialisierung zu einem späteren Zeitpunkt erfolgen soll.

Delegation mit `by`

Mit der Delegation (`by`) können Sie die Implementierung von Eigenschaften oder Schnittstellen an andere Objekte delegieren. Ein häufiges Beispiel ist die Verwendung von `lazy` für eine **Lazy-Initialisierung**:

```
val database by lazy {
    Database.connect()
}
```

Die `lazy`-Initialisierung stellt sicher, dass der Wert erst dann berechnet wird, wenn er das erste Mal verwendet wird. Dies kann die Effizienz und Leistung verbessern.

6.8 Zusammenfassung

In diesem Kapitel haben wir die grundlegenden und fortgeschrittenen Konzepte von Klassen und Objekten in Kotlin behandelt. Sie haben gelernt:

- Wie Sie **Klassen** und **Konstruktoren** in Kotlin definieren.
- Den Unterschied zwischen **primären** und **sekundären Konstruktoren** und die Verwendung von **Init-Blöcken**.
- Die Grundlagen der **Vererbung** und wie Sie Klassenmethoden überschreiben.
- Wie **Data Classes** nützliche Funktionen wie `copy()` und `equals()` automatisch generieren.
- Den Einsatz von **sealed classes** zur Modellierung von eingeschränkten Zuständen.
- Wie Sie **Singletons** mit dem `object`-Schlüsselwort definieren.
- Den Nutzen von `lateinit` für verzögertes Initialisieren und **Delegation** mit `by`.

Diese Konzepte bilden das Rückgrat des objektorientierten Programmierens in Kotlin und bieten Ihnen flexible und sichere Möglichkeiten, robuste und wartbare Software zu schreiben.

Kapitel 7: Funktionale Programmierung in Kotlin

Kotlin unterstützt sowohl objektorientierte als auch funktionale Programmierparadigmen. In diesem Kapitel lernen Sie die grundlegenden Konzepte der funktionalen Programmierung kennen und wie Kotlin diese auf elegante Weise integriert. Dabei schauen wir uns Themen wie **Higher-Order-Funktionen**,

Lambda-Ausdrücke, **Inline-Funktionen** sowie die Verwendung von **Funktionstypen** an. Außerdem werden wir uns ansehen, wie Kotlin **Immutabilität** und **Seiteneffekte** handhabt, die für die funktionale Programmierung entscheidend sind.

7.1 Einführung in die funktionale Programmierung

Die funktionale Programmierung ist ein Paradigma, das den Fokus auf **Funktionen** legt. Im Gegensatz zur objektorientierten Programmierung, wo der Zustand eines Objekts durch Methoden manipuliert wird, konzentriert sich die funktionale Programmierung auf **unveränderliche Daten** und die **Anwendung von Funktionen**, um diese Daten zu verarbeiten.

Wichtige Eigenschaften der funktionalen Programmierung:

- **Funktionen als erstklassige Bürger:** Funktionen können wie andere Variablen übergeben, gespeichert und zurückgegeben werden.
- **Immutabilität:** Daten sollten so oft wie möglich unveränderlich sein.
- **Keine Seiteneffekte:** Funktionen sollten keine globalen Variablen verändern oder I/O-Operationen durchführen. Dies führt zu besserer Testbarkeit und Verständlichkeit.

Kotlin bietet umfassende Unterstützung für funktionale Programmierung durch die Verwendung von Funktionen als Werte und durch Lambda-Ausdrücke.

7.2 Higher-Order-Funktionen

Higher-Order-Funktionen sind Funktionen, die entweder andere Funktionen als Parameter akzeptieren oder Funktionen zurückgeben. Sie sind ein Kernelement der funktionalen

Programmierung und erlauben es, Funktionen dynamisch zu verwenden.

Beispiel einer Higher-Order-Funktion

Hier ein einfaches Beispiel einer Funktion, die eine andere Funktion als Parameter akzeptiert:

```
fun performOperation(x: Int, y: Int, operation: (Int,
Int) -> Int): Int {
    return operation(x, y)
}
```

Die Funktion `performOperation` nimmt zwei `Int`-Werte (x und y) und eine Funktion `operation` als Parameter entgegen. Diese Funktion `operation` muss zwei `Int`-Werte entgegennehmen und ein `Int` zurückgeben.

Verwendung einer Higher-Order-Funktion

Hier ist ein Beispiel, wie Sie `performOperation` mit verschiedenen Operationen verwenden können:

```
val sum = performOperation(5, 3) { a, b -> a + b }
val multiply = performOperation(5, 3) { a, b -> a * b }

println("Summe: $sum")       // Ausgabe: Summe: 8
println("Multiplikation: $multiply")  // Ausgabe:
Multiplikation: 15
```

In diesem Fall übergeben wir Lambda-Ausdrücke als Argumente an die Funktion `performOperation`, um die gewünschte Operation zu bestimmen.

7.3 Lambda-Ausdrücke

Lambda-Ausdrücke sind anonyme Funktionen, die leicht zu definieren und als Parameter an andere Funktionen zu übergeben sind. Sie sind eine der einfachsten Möglichkeiten, Funktionen als Werte zu verwenden.

Syntax eines Lambda-Ausdrucks

Ein Lambda-Ausdruck in Kotlin wird wie folgt definiert:

```
val lambda = { a: Int, b: Int -> a + b }
```

In diesem Beispiel nehmen a und b zwei Int-Parameter entgegen und geben ihre Summe zurück. Lambda-Ausdrücke können als Variablen gespeichert oder direkt in Funktionen verwendet werden.

Verwendung von Lambdas

Lambdas können direkt in Funktionen verwendet werden, wie im Beispiel zuvor. Hier ist ein weiteres Beispiel:

```
val result = performOperation(10, 20) { x, y -> x - y
}
println(result)  // Ausgabe: -10
```

In diesem Fall übergeben wir ein Lambda, das die Subtraktion durchführt.

Kurzschreibweise bei Lambdas

Wenn eine Lambda-Funktion nur einen Parameter erwartet, können Sie den Parameter mit dem vordefinierten Schlüsselwort it ansprechen. Hier ein Beispiel mit einer Liste:

```
val numbers = listOf(1, 2, 3, 4)
val doubled = numbers.map { it * 2 }
println(doubled)   // Ausgabe: [2, 4, 6, 8]
```

map ist eine Funktion, die eine Liste durchläuft und auf jedes Element die angegebene Lambda-Funktion anwendet. Hier wird jedes Element verdoppelt.

7.4 Funktionstypen

In Kotlin können Funktionen selbst als Typen verwendet werden. Ein **Funktionstyp** gibt die Signatur einer Funktion an, d. h., welche Parameter sie erwartet und welchen Rückgabetyp sie hat.

Beispiel eines Funktionstyps

Ein Funktionstyp, der zwei Int-Parameter nimmt und ein Int zurückgibt, sieht wie folgt aus:

```
val operation: (Int, Int) -> Int = { a, b -> a * b }
```

Dieser Funktionstyp besagt, dass operation eine Funktion ist, die zwei Int-Werte akzeptiert und einen Int zurückgibt.

Funktion als Parameter

Funktionstypen werden häufig als Parameter in anderen Funktionen verwendet, wie im folgenden Beispiel:

```
fun calculate(x: Int, y: Int, op: (Int, Int) -> Int):
Int {
    return op(x, y)
}
```

```
val result = calculate(4, 5, operation)
println(result)   // Ausgabe: 20
```

Hier übergeben wir eine Funktion als Parameter, was die Flexibilität der funktionalen Programmierung zeigt.

7.5 Inline-Funktionen

Wenn Sie eine Funktion häufig mit Lambda-Ausdrücken verwenden, kann dies zu einer gewissen Performanceeinbuße führen, da für jeden Lambda-Ausdruck ein eigenes Funktionsobjekt erstellt wird. Kotlin bietet jedoch **Inline-Funktionen** an, um diese zusätzlichen Funktionsobjekte zu vermeiden.

Definition einer Inline-Funktion

Eine Funktion wird mit dem Schlüsselwort `inline` deklariert:

```
inline fun performInlineOperation(x: Int, y: Int,
operation: (Int, Int) -> Int): Int {
    return operation(x, y)
}
```

Durch das `inline`-Schlüsselwort wird der Funktionskörper direkt an den Aufrufer "inlined", wodurch die Kosten für den Lambda-Aufruf vermieden werden.

Vorteile von Inline-Funktionen

Inline-Funktionen können die Performance erheblich verbessern, insbesondere wenn Lambdas häufig innerhalb von Schleifen oder anderen wiederholten Strukturen verwendet werden.

7.6 Immutabilität und Seiteneffekte

Ein zentrales Prinzip der funktionalen Programmierung ist **Immutabilität**. Das bedeutet, dass Objekte und Variablen nach ihrer Erstellung nicht mehr verändert werden sollen. Stattdessen erzeugen Funktionen neue Werte, anstatt bestehende zu modifizieren.

Unveränderliche Daten

In Kotlin verwenden Sie das Schlüsselwort `val`, um unveränderliche Variablen zu deklarieren:

```
val x = 10
// x = 20 // Fehler: val-Werte können nicht verändert
werden.
```

Das Ziel ist es, durch unveränderliche Daten den Code vorhersehbarer und weniger fehleranfällig zu machen.

Vermeidung von Seiteneffekten

In der funktionalen Programmierung sollten Funktionen **keine Seiteneffekte** haben. Das bedeutet, dass sie nur auf die Eingabedaten wirken und keine globalen Zustände verändern sollten. Funktionen, die Seiteneffekte vermeiden, sind einfacher zu testen und führen zu weniger unvorhersehbarem Verhalten.

7.7 Nützliche funktionale Konzepte in Kotlin

Kotlin stellt Ihnen eine Vielzahl von Funktionen bereit, die in der funktionalen Programmierung oft verwendet werden. Hier sind einige nützliche Funktionen und Konzepte:

map und filter

- map: Wendet eine Funktion auf jedes Element einer Sammlung an und gibt eine neue Sammlung mit den Ergebnissen zurück.
- filter: Gibt eine neue Sammlung zurück, die nur die Elemente enthält, die eine bestimmte Bedingung erfüllen.

Beispiele:

```
val numbers = listOf(1, 2, 3, 4, 5)
val doubled = numbers.map { it * 2 }
val evens = numbers.filter { it % 2 == 0 }
println(doubled)  // Ausgabe: [2, 4, 6, 8, 10]
println(evens)    // Ausgabe: [2, 4]
```

fold und reduce

- fold: Reduziert eine Sammlung zu einem einzelnen Wert, indem eine Funktion auf jedes Element angewendet wird und ein Startwert angegeben wird.
- reduce: Ähnlich wie fold, aber ohne Startwert.

Beispiele:

```
val sum = numbers.fold(0) { acc, num -> acc + num }
println(sum)  // Ausgabe: 15
val product = numbers.reduce { acc, num -> acc * num }
println(product)  // Ausgabe: 120
```

7.8 Zusammenfassung

In diesem Kapitel haben wir die funktionalen Programmierkonzepte in Kotlin behandelt. Sie haben gelernt:

- **Higher-Order-Funktionen** und **Lambda-Ausdrücke** zu verwenden.
- Den Umgang mit **Funktionstypen** und **Inline-Funktionen** zur Optimierung der Performance.
- Wie **Immutabilität** und die Vermeidung von **Seiteneffekten** zu besserem, wartbarem Code führen.
- Nützliche Funktionen wie `map`, `filter`, `fold` und `reduce` für die Arbeit mit Listen und anderen Sammlungen.

Die funktionale Programmierung bietet viele Vorteile, wie zum Beispiel klarere und weniger fehleranfällige Programme. Kotlin macht es Ihnen leicht, diese Prinzipien zu nutzen, ohne dass Sie auf die Vorteile der objektorientierten Programmierung verzichten müssen.

Kapitel 8: Null-Sicherheit und Typ-System in Kotlin

Kotlin legt großen Wert auf **Null-Sicherheit** und ein starkes **Typ-System**, um häufige Fehlerquellen wie **NullPointerExceptions** zu vermeiden. In diesem Kapitel werden wir uns mit den Konzepten und Mechanismen befassen, die Kotlin bietet, um den Umgang mit nullbaren Typen sicherer zu gestalten. Außerdem werden wir uns das erweiterte Typ-System von Kotlin anschauen, das viele hilfreiche Funktionen und Konzepte enthält, um Typfehler zur Compile-Zeit abzufangen.

8.1 Null-Sicherheit in Kotlin

In vielen Programmiersprachen, einschließlich Java, gehört der Umgang mit null-Werten zu den häufigsten Ursachen für Fehler. Kotlin führt ein strikt geteiltes System für nullbare und nicht-nullbare Typen ein, um solche Fehler zu vermeiden.

Nicht-nullbare Typen

In Kotlin sind Variablen und Werte standardmäßig **nicht-nullbar**. Das bedeutet, dass eine Variable niemals den Wert null annehmen kann, es sei denn, Sie deklarieren dies explizit. Hier ein Beispiel:

```
val name: String = "Kotlin"
// name = null  // Kompilierfehler: Null kann einem
Nicht-Null-Typ nicht zugewiesen werden
```

Versuchen Sie, einem nicht-nullbaren Typ den Wert null zuzuweisen, führt dies zu einem Kompilierfehler. Dadurch können Sie viele potenzielle NullPointerExceptions (NPEs) von Anfang an verhindern.

Nullbare Typen

Wenn Sie möchten, dass eine Variable null annehmen kann, müssen Sie dies explizit durch den **nullable-Typ** angeben, indem Sie ? nach dem Typ hinzufügen:

```
val nullableName: String? = null  // Gültig, weil
der Typ nullbar ist
```

In diesem Fall erlaubt Kotlin den Wert null für nullableName.

8.2 Sicherer Umgang mit Nullwerten

Kotlin bietet verschiedene Mechanismen, um sicher mit nullbaren Typen umzugehen. Diese Mechanismen helfen Ihnen dabei, sicherzustellen, dass Sie mit null auf eine kontrollierte Weise arbeiten, um Laufzeitfehler zu vermeiden.

Sicherer Aufruf-Operator ?.

Der **sichere Aufruf-Operator** (?.) erlaubt es, auf Eigenschaften oder Methoden eines möglicherweise nullbaren Objekts zuzugreifen, ohne eine NullPointerException auszulösen. Wenn das Objekt null ist, wird einfach null zurückgegeben, anstatt die Methode oder Eigenschaft aufzurufen.

```
val length: Int? = nullableName?.length  // Gibt
null zurück, wenn nullableName null ist
```

In diesem Fall wird die Eigenschaft length nur dann aufgerufen, wenn nullableName nicht null ist. Ist es doch null, wird der gesamte Ausdruck ebenfalls null und es gibt keinen Fehler.

Elvis-Operator ?:

Der **Elvis-Operator** (?:) ermöglicht es Ihnen, einen **Standardwert** anzugeben, der verwendet wird, wenn der linke Ausdruck null ist. Das ist nützlich, um Nullwerte zu vermeiden und dennoch einen definierten Wert zu erhalten.

```
val length: Int = nullableName?.length ?: 0  //
Gibt 0 zurück, wenn nullableName null ist
```

Hier wird die Länge von nullableName zurückgegeben, es sei denn, nullableName ist null. In diesem Fall wird der Wert 0 verwendet.

Not-null-Assertion !!

Die **Not-null-Assertion** (!!) erzwingt, dass ein nullbarer Wert als nicht-null betrachtet wird. Wenn der Wert jedoch null ist, wird eine **NullPointerException** ausgelöst. Dieser Operator sollte mit

Vorsicht verwendet werden, da er die Sicherheit des Programms beeinträchtigen kann:

```
val length: Int = nullableName!!.length   // Wirft
eine NPE, wenn nullableName null ist
```

Es ist ratsam, diesen Operator nur dann zu verwenden, wenn Sie sicher sind, dass der Wert nicht null sein kann.

8.3 Arbeiten mit nullbaren Typen

Zusätzlich zu den Operatoren bietet Kotlin weitere nützliche Funktionen, um mit nullbaren Typen zu arbeiten.

Let-Funktion

Die let-Funktion kann verwendet werden, um einen Wert nur dann zu verarbeiten, wenn er nicht null ist. Sie kombiniert den sicheren Aufruf-Operator mit der Möglichkeit, eine Funktion auf dem Wert auszuführen, falls er nicht null ist:

```
nullableName?.let {
    println("Der Name ist $it")
}
```

In diesem Beispiel wird der Codeblock nur ausgeführt, wenn nullableName nicht null ist.

run und apply

Die Funktionen run und apply bieten ebenfalls eine bequeme Möglichkeit, auf nicht-nullbare Werte zuzugreifen und mehrere Operationen auf ihnen auszuführen:

```
nullableName?.run {
    println("Name: $this, Länge: ${this.length}")
}
```

Mit **run** können Sie auf den aktuellen Wert (`this`) zugreifen und mehrere Operationen in einem Block ausführen, falls der Wert nicht `null` ist.

8.4 Das erweiterte Typ-System von Kotlin

Kotlin verfügt über ein starkes Typ-System, das nicht nur nullbare und nicht-nullbare Typen unterscheidet, sondern auch andere hilfreiche Konzepte wie **Generics**, **Typinferenz** und **Smart Casts** bietet.

Generics

Generische Typen ermöglichen es, Klassen und Funktionen zu schreiben, die mit einer Vielzahl von Typen arbeiten können, ohne dabei an einen bestimmten Typ gebunden zu sein.

```
class Box<T>(val value: T)
val intBox = Box(1)   // Box mit einem Int-Wert
val stringBox = Box("Kotlin")   // Box mit einem
String-Wert
```

In diesem Beispiel ist `Box` eine generische Klasse, die einen beliebigen Typ T enthalten kann.

Typinferenz

Kotlin ist in der Lage, den Typ einer Variable oder eines Ausdrucks basierend auf dem Kontext abzuleiten. Dadurch müssen Sie Typen nicht immer explizit angeben.

```
val number = 42   // Typ wird als Int abgeleitet
```

```
val greeting = "Hallo"   // Typ wird als String
abgeleitet
```

Dank der Typinferenz können Sie sauberen und prägnanten Code schreiben, ohne dabei an Sicherheit zu verlieren.

8.5 Smart Casts

Kotlin bietet **Smart Casts**, die den Typ einer Variable automatisch bestimmen und in einer sicheren Weise verwenden, ohne explizite Typumwandlungen (cast) durchführen zu müssen.

Beispiel für Smart Casts

Wenn Sie eine Überprüfung auf einen Typ mit is durchführen, führt Kotlin automatisch eine **Smart Cast** durch, sodass Sie den Typ direkt verwenden können:

```
fun printLength(obj: Any) {
    if (obj is String) {
    // Smart Cast: obj wird hier automatisch als
String behandelt
        println("Länge des Strings: ${obj.length}")
    }
}
```

In diesem Beispiel erkennt Kotlin, dass obj innerhalb des if-Blocks ein String ist, und ermöglicht Ihnen den direkten Zugriff auf dessen Eigenschaften, ohne eine explizite Typumwandlung vorzunehmen.

Sicherer Umgang mit Typen

Zusätzlich zu `is` können Sie mit dem Schlüsselwort `as` explizit **Typumwandlungen** durchführen. Es gibt zwei Arten von Casts in Kotlin:

- **Unsicherer Cast (`as`)**: Kann eine Ausnahme auslösen, wenn der Cast fehlschlägt.
- **Sicherer Cast (`as?`)**: Gibt `null` zurück, wenn der Cast fehlschlägt.

```
val obj: Any = "Kotlin"
val string: String? = obj as? String  // Sicherer Cast,
gibt null zurück, wenn obj kein String ist
```

Mit dem sicheren Cast vermeiden Sie potenzielle Fehler und erhalten einen kontrollierten Rückgabewert.

8.6 Typ-Aliase

Ein weiteres nützliches Feature von Kotlin sind **Typ-Aliase** (type aliases). Sie ermöglichen es Ihnen, komplexe Typen mit einem einfacheren Namen zu versehen, um den Code lesbarer zu gestalten.

Beispiel für Typ-Aliase

Stellen Sie sich vor, Sie haben einen komplexen Funktions-Typ, der häufig verwendet wird. Sie können einen Alias dafür definieren:

```
typealias Operation = (Int, Int) -> Int
fun executeOperation(x: Int, y: Int, op: Operation):
Int {
    return op(x, y)
}
```

Jetzt können Sie den Alias `Operation` verwenden, um den Funktions-Typ klarer darzustellen.

8.7 Zusammenfassung

In diesem Kapitel haben wir uns mit der **Null-Sicherheit** und dem **Typ-System** von Kotlin beschäftigt. Wichtige Punkte, die Sie gelernt haben, sind:

- Kotlin trennt strikt zwischen **nullbaren** und **nicht-nullbaren Typen**, um NullPointerExceptions zu vermeiden.
- Sie können mit sicheren Aufruf-Operatoren (`?.`), dem Elvis-Operator (`?:`) und der Not-null-Assertion (`!!`) sicher mit Nullwerten arbeiten.
- Kotlin bietet ein starkes und flexibles **Typ-System** mit Unterstützung für **Generics**, **Typinferenz**, **Smart Casts** und **Typ-Aliase**, um Ihren Code sicherer und lesbarer zu machen.

Mit diesen Konzepten können Sie nicht nur sichereren Code schreiben, sondern auch die typischen Fehlerquellen der Null-Verarbeitung vermeiden und das Potenzial von Kotlin voll ausschöpfen.

Kapitel 9: Erweiterungsfunktionen und -eigenschaften

Kotlin bietet eine einzigartige und äußerst nützliche Funktion namens **Erweiterungsfunktionen** (Extension Functions) und **Erweiterungseigenschaften** (Extension Properties). Diese ermöglichen es Ihnen, **vorhandene Klassen** um neue Funktionen und Eigenschaften zu erweitern, ohne deren Quellcode zu verändern oder auf Vererbung zurückzugreifen. Dadurch können

Sie beispielsweise Standardbibliotheken um benutzerdefinierte Funktionalitäten ergänzen oder spezifische Methoden zu bestehenden Klassen hinzufügen.

In diesem Kapitel werden wir diese Konzepte ausführlich behandeln und Ihnen zeigen, wie Sie mit **Erweiterungsfunktionen** und **Erweiterungseigenschaften** effizient arbeiten können.

9.1 Erweiterungsfunktionen

Eine **Erweiterungsfunktion** erlaubt es Ihnen, einer bestehenden Klasse eine neue Funktion hinzuzufügen, ohne die Klasse selbst zu ändern. Dies kann besonders nützlich sein, wenn Sie Bibliotheken verwenden, deren Quellcode Sie nicht ändern können, oder wenn Sie Standardklassen von Kotlin oder Java um zusätzliche Funktionen ergänzen möchten.

Definition einer Erweiterungsfunktion

Eine Erweiterungsfunktion wird definiert, indem Sie den Typ, den Sie erweitern möchten, gefolgt von der neuen Funktion, angeben. Hier ein einfaches Beispiel:

```
fun String.addExclamation(): String {
    return this + "!"
}
```

In diesem Beispiel erweitern wir die String-Klasse um eine neue Methode addExclamation, die ein Ausrufezeichen (!) an das Ende eines Strings anhängt. Das Schlüsselwort this bezieht sich auf die Instanz des Objekts, auf das die Erweiterungsfunktion angewendet wird.

Verwendung der Erweiterungsfunktion

Die neu definierte Funktion kann nun so verwendet werden, als wäre sie Teil der String-Klasse:

```
val greeting = "Hallo"
println(greeting.addExclamation())   // Ausgabe: Hallo!
```

Obwohl addExclamation nicht zur ursprünglichen String-Klasse gehört, können Sie sie wie eine normale Methode auf einem String-Objekt aufrufen.

9.2 Erweiterungsfunktionen auf anderen Typen

Erweiterungsfunktionen sind nicht nur auf Klassen wie String beschränkt. Sie können sie für jede beliebige Klasse definieren – sei es eine Standardklasse oder eine eigene benutzerdefinierte Klasse.

Beispiel: Erweiterungsfunktion auf einer eigenen Klasse

Nehmen wir an, Sie haben eine eigene Klasse Person, die Sie um eine zusätzliche Funktion erweitern möchten:

```
class Person(val name: String, val age: Int)
fun Person.introduceYourself() {
    println("Hi, ich bin $name und ich bin $age Jahre
alt.")
}
```

Jetzt können Sie diese Erweiterungsfunktion auf jedem Person-Objekt verwenden:

```
val person = Person("Anna", 25)
person.introduceYourself()  // Ausgabe: Hi, ich bin
Anna und ich bin 25 Jahre alt.
```

Erweiterungsfunktionen bieten somit eine einfache und saubere Möglichkeit, Klassen um zusätzliche Funktionalitäten zu erweitern, ohne sie zu verändern.

9.3 Erweiterungsfunktionen und Sichtbarkeit

Es ist wichtig zu verstehen, dass Erweiterungsfunktionen keinen Zugriff auf private oder geschützte (protected) Mitglieder der Klasse haben, die sie erweitern. Sie können nur auf öffentliche und interne Eigenschaften und Methoden zugreifen.

Beispiel: Eingeschränkte Sichtbarkeit

Angenommen, die Klasse Person hat eine private Methode:

```
class Person(val name: String, val age: Int) {
    private fun displayAge() {
    println("Das Alter ist $age")
    }
}
fun Person.showDetails() {
    // displayAge()  // Fehler: displayAge ist
privat und kann nicht aufgerufen werden
    println("Name: $name, Alter: $age")
}
```

Die Erweiterungsfunktion showDetails kann auf die öffentliche Eigenschaft name und age zugreifen, aber nicht auf die private Methode displayAge, da Erweiterungsfunktionen kein tiefergehender Zugriff auf die internen Implementierungsdetails der Klasse gewährt wird.

9.4 Erweiterung vs. Vererbung

Ein wichtiger Unterschied zwischen Erweiterungsfunktionen und Vererbung ist, dass Erweiterungsfunktionen **statisch aufgelöst** werden. Das bedeutet, dass sie auf den statischen Typ des Objekts angewendet werden, nicht auf den tatsächlichen Typ zur Laufzeit.

Beispiel: Statische Auflösung von Erweiterungsfunktionen

Betrachten wir ein Beispiel mit Vererbung:

```
open class Animal
class Dog : Animal()
fun Animal.makeSound() {
    println("Tiergeräusch")
}
fun Dog.makeSound() {
    println("Hund bellt")
}
val animal: Animal = Dog()
animal.makeSound()  // Ausgabe: Tiergeräusch
```

Obwohl `animal` tatsächlich eine Instanz von `Dog` ist, wird die Erweiterungsfunktion `makeSound()` von der Klasse `Animal` aufgerufen, weil Erweiterungsfunktionen basierend auf dem statischen Typ (`Animal`) aufgelöst werden.

9.5 Erweiterungseigenschaften

Neben Funktionen können Sie auch **Erweiterungseigenschaften** definieren, um einer Klasse neue Eigenschaften hinzuzufügen. Eine Erweiterungseigenschaft ist jedoch kein Feld im eigentlichen Sinne, sondern eine berechnete Eigenschaft.

Beispiel: Erweiterungseigenschaft

Hier ist eine Erweiterungseigenschaft für die String-Klasse, die die Anzahl der Wörter in einem String zählt:

```
val String.wordCount: Int
    get() = this.split(" ").size
```

Diese Erweiterungseigenschaft wordCount wird immer dann berechnet, wenn sie aufgerufen wird:

```
val text = "Kotlin ist großartig"
println(text.wordCount)  // Ausgabe: 3
```

Da Kotlin keine tatsächlichen Felder zu bestehenden Klassen hinzufügen kann, handelt es sich bei Erweiterungseigenschaften immer um berechnete Eigenschaften, die auf bereits vorhandenen Daten basieren.

9.6 Generische Erweiterungsfunktionen

Wie bei normalen Funktionen können auch Erweiterungsfunktionen generisch sein. Dies ist besonders nützlich, wenn Sie eine Erweiterungsfunktion für eine breite Palette von Typen definieren möchten.

Beispiel: Generische Erweiterungsfunktion

Hier ist eine Erweiterungsfunktion für List<T>, die überprüft, ob eine Liste leer ist, oder andernfalls das erste Element zurückgibt:

```
fun <T> List<T>.firstOrNullElse(defaultValue: T):
T {
    return this.firstOrNull() ?: defaultValue
}
```

Diese generische Erweiterungsfunktion kann mit Listen beliebigen Typs verwendet werden:

```
val numbers = listOf(1, 2, 3)
val emptyList = emptyList<Int>()
println(numbers.firstOrNullElse(0))   // Ausgabe: 1
println(emptyList.firstOrNullElse(0))   // Ausgabe: 0
```

Generische Erweiterungsfunktionen bieten eine flexible Möglichkeit, wiederverwendbaren Code für verschiedene Typen zu schreiben.

9.7 Erweiterungen von Companion-Objekten

Kotlin erlaubt es Ihnen auch, Erweiterungen für **Companion-Objekte** zu definieren. Companion-Objekte sind statische Objekte, die innerhalb einer Klasse definiert werden und als dessen Begleiter fungieren. Sie können Companion-Objekte um zusätzliche Funktionen erweitern.

Beispiel: Erweiterung eines Companion-Objekts

```
class Person(val name: String) {
    companion object {}
}
fun Person.Companion.createAnonymous(): Person {
    return Person("Anonym")
}
val anonymousPerson = Person.createAnonymous()
println(anonymousPerson.name)   // Ausgabe: Anonym
```

In diesem Beispiel wird die Klasse Person um eine Companion-Objekt-Erweiterung ergänzt, die eine anonyme Person erstellt.

9.8 Zusammenfassung

In diesem Kapitel haben Sie gelernt, wie Sie mithilfe von **Erweiterungsfunktionen** und **Erweiterungseigenschaften** bestehenden Klassen neue Funktionalitäten hinzufügen können, ohne deren Quellcode zu ändern oder Vererbung zu verwenden. Wichtige Erkenntnisse aus diesem Kapitel sind:

- Erweiterungsfunktionen ermöglichen es Ihnen, neue Methoden zu bestehenden Klassen hinzuzufügen, ohne deren Implementierung anzupassen.
- Erweiterungseigenschaften sind eine Möglichkeit, zusätzliche berechnete Eigenschaften zu Klassen hinzuzufügen.
- Erweiterungsfunktionen und -eigenschaften werden **statisch aufgelöst**, basierend auf dem statischen Typ des Objekts, nicht auf dessen tatsächlichem Laufzeittyp.
- Generische Erweiterungsfunktionen bieten Flexibilität und Wiederverwendbarkeit für verschiedene Typen.
- Sie können auch Companion-Objekte um zusätzliche Funktionen erweitern.

Durch den Einsatz von Erweiterungsfunktionen und -eigenschaften wird Ihr Kotlin-Code modularer, flexibler und präziser, was zu saubereren und besser wartbaren Anwendungen führt.

Kapitel 10: Coroutine-basierte nebenläufige Programmierung

Nebenläufigkeit (Concurrency) ist ein wichtiger Aspekt moderner Softwareentwicklung. Viele Anwendungen müssen Aufgaben parallel ausführen können, um eine flüssige Benutzererfahrung zu gewährleisten oder um ressourcenintensive Aufgaben im Hintergrund zu verarbeiten. Kotlin bietet mit **Coroutines** ein leistungsstarkes, aber dennoch einfaches Modell für die asynchrone und nebenläufige Programmierung.

In diesem Kapitel werden wir die Grundlagen von **Coroutines** erklären, deren Vorteile gegenüber traditionellen Ansätzen wie Threads und Callback-basiertem Code sowie den Einsatz von **Scopes**, **Dispatchers** und **Jobs** vorstellen.

10.1 Einführung in Coroutines

Coroutines sind ein Mittel, um nebenläufige Programmierung in Kotlin einfacher und effizienter zu gestalten. Sie ermöglichen es, **asynchronen Code** in einer **synchronen Schreibweise** zu schreiben, ohne dabei Blockierungen im Hauptthread zu verursachen. Dies wird durch **suspendable** Funktionen und die Möglichkeit erreicht, Aufgaben zu pausieren und später fortzusetzen.

Wichtigste Merkmale von Coroutines:

- **Leichtgewichtig**: Tausende Coroutines können parallel laufen, da sie nicht auf Betriebssystem-Threads basieren, sondern durch die Kotlin-Laufzeit verwaltet werden.
- **Asynchron und nicht blockierend**: Sie können lange laufende Aufgaben (wie Netzwerk- oder Datenbankanfragen) ausführen, ohne den Hauptthread zu blockieren.
- **Strukturierte Nebenläufigkeit**: Sie bieten ein strukturiertes Modell für das Erstellen und Verwalten von parallelen Aufgaben, wodurch Fehler leichter zu handhaben sind.

10.2 Grundlagen von Coroutines

Eine Coroutine ist eine Funktion, die angehalten und später fortgesetzt werden kann. Dies wird durch das Schlüsselwort suspend erreicht, das angibt, dass eine Funktion "suspendierbar" ist.

Beispiel: Suspend-Funktion

```
suspend fun fetchData(): String {
    // Simuliert eine lange laufende Aufgabe wie
einen Netzwerkaufruf
    delay(2000)
    return "Daten geladen"
}
```

In diesem Beispiel verwenden wir die Funktion delay, die die Coroutine für 2 Sekunden pausiert, ohne den Thread zu blockieren. Der entscheidende Punkt ist, dass der Aufruf von delay die Coroutine pausiert, nicht den gesamten Thread.

10.3 Coroutine-Builder: launch und async

Um Coroutines zu starten, verwendet Kotlin sogenannte **Coroutine-Builder**. Die beiden am häufigsten verwendeten sind launch und async.

launch

Der launch-Builder startet eine Coroutine und gibt ein **Job**-Objekt zurück, das die laufende Aufgabe repräsentiert. Der Aufruf von launch ist **feuer-und-vergiss**: Er startet eine Coroutine, die im Hintergrund arbeitet, und es gibt keinen Rückgabewert.

```
fun main() = runBlocking {
    launch {
    val data = fetchData()
    println(data)
}
```

```
    }
    println("Coroutine gestartet")
}
```

In diesem Beispiel wird die Coroutine durch `launch` gestartet, und die Funktion `fetchData` läuft im Hintergrund. Das Hauptprogramm läuft weiter, während die Coroutine arbeitet.

async

Der `async`-Builder wird verwendet, wenn Sie eine Coroutine starten und einen **Rückgabewert** benötigen. Dieser Rückgabewert wird als **Deferred**-Objekt zurückgegeben, das später mit der Methode `await` aufgelöst werden kann.

```
fun main() = runBlocking {
    val deferred = async {
    fetchData()
    }
    println("Warten auf Ergebnis...")
    val result = deferred.await()
    println("Ergebnis: $result")
}
```

Im obigen Beispiel wartet das Programm auf das Ergebnis der Coroutine, bevor es weitergeht. Dies ist nützlich, wenn mehrere asynchrone Aufgaben parallel ausgeführt werden und deren Ergebnisse später benötigt werden.

10.4 Coroutine Scopes

Scopes definieren den Lebenszyklus von Coroutines und helfen dabei, strukturierte Nebenläufigkeit zu gewährleisten. Sie bestimmen, wann Coroutines gestartet und gestoppt werden, und verhindern Leaks, indem sie sicherstellen, dass Coroutines korrekt abgeschlossen werden.

Es gibt verschiedene Typen von Scopes, die in verschiedenen Kontexten verwendet werden:

- `runBlocking`: Dieser Scope blockiert den aktuellen Thread, bis alle Coroutines innerhalb des Blocks abgeschlossen sind. Er wird hauptsächlich in einfachen Main-Programmen und Tests verwendet.
- `GlobalScope`: Dieser Scope startet Coroutines im globalen Kontext, die solange leben wie die gesamte Anwendung. Dies ist selten empfehlenswert, da es schwierig ist, diese Coroutines zu steuern oder zu beenden.
- **Custom Scopes**: In größeren Anwendungen sollten Sie eigene Scopes erstellen, z.B. für eine Lebenszyklussteuerung in Android-Apps (ViewModelScope, CoroutineScope).

Beispiel: Verwendung von `runBlocking`

```
fun main() = runBlocking {
    launch {
    println("Coroutine im runBlocking-Block")
    }
    println("Main-Programm wartet")
}
```

Hier wird die Coroutine innerhalb von `runBlocking` gestartet, und das Hauptprogramm wartet, bis sie beendet ist.

10.5 Dispatchers: Steuerung des Ausführungsorts von Coroutines

Dispatchers bestimmen, auf welchem Thread oder welcher Ausführungsumgebung eine Coroutine läuft. Kotlin bietet mehrere vordefinierte Dispatcher:

- `Dispatchers.Main`: Verwendet den Hauptthread für UI-Interaktionen (z.B. in Android).
- `Dispatchers.IO`: Für I/O-intensive Aufgaben wie das Lesen und Schreiben von Dateien oder Netzwerkzugriffe.
- `Dispatchers.Default`: Für CPU-intensive Aufgaben.
- `Dispatchers.Unconfined`: Lässt die Coroutine im aktuellen Thread fortfahren, bis sie suspendiert wird, und setzt sie dann möglicherweise auf einem anderen Thread fort.

Beispiel: Verwenden von Dispatchers

```
fun main() = runBlocking {
    launch(Dispatchers.IO) {
    val data = fetchData()
    println("Daten von IO-Thread: $data")
    }
}
```

In diesem Beispiel wird die Coroutine auf dem **IO-Dispatcher** gestartet, was für I/O-intensive Aufgaben wie Datenbankabfragen oder Netzwerkoperationen geeignet ist.

10.6 Jobs und Cancelling von Coroutines

Coroutines geben häufig ein **Job**-Objekt zurück, das den Status der Coroutine darstellt. Sie können dieses Objekt verwenden, um die Coroutine zu beenden, z.B. wenn sie nicht mehr benötigt wird.

Beispiel: Coroutine abbrechen

```
fun main() = runBlocking {
    val job = launch {
    repeat(1000) { i ->
        println("Job läuft: $i")
        delay(500L)
    }
    }
    delay(1300L)
    println("Job abbrechen")
    job.cancel()   // Coroutine abbrechen
    job.join()   // Warten, bis sie vollständig
beendet ist
    println("Job beendet")
}
```

In diesem Beispiel wird eine Coroutine nach einer bestimmten Zeit abgebrochen. Durch das Aufrufen von `cancel` wird die Coroutine gestoppt, und `join` wartet, bis die Coroutine vollständig beendet ist.

10.7 Strukturierte Nebenläufigkeit

Kotlin fördert das Konzept der **strukturierten Nebenläufigkeit**, bei der alle Coroutines in einem klar definierten Scope organisiert sind. Das bedeutet, dass Sie immer die Kontrolle darüber haben, welche Coroutines laufen und wann sie beendet werden.

Eine wichtige Regel ist, dass jede Coroutine in einem **Scope** läuft und dieser Scope dafür verantwortlich ist, sie zu verwalten. Dadurch wird vermieden, dass Coroutines ohne Aufsicht laufen und möglicherweise Ressourcen verschwenden oder unerwartete Nebenwirkungen haben.

Beispiel: Strukturierte Nebenläufigkeit

```
fun main() = runBlocking {
    coroutineScope {
    launch {
        delay(1000L)
        println("Coroutine 1 abgeschlossen")
    }
    launch {
        delay(2000L)
        println("Coroutine 2 abgeschlossen")
    }
    }
    println("Alle Coroutines im Scope abgeschlossen")
}
```

In diesem Beispiel wird sichergestellt, dass beide Coroutines abgeschlossen sind, bevor das Programm fortgesetzt wird.

10.8 Exception Handling in Coroutines

Wie in synchronem Code kann es auch in Coroutines zu Ausnahmen kommen. Kotlin bietet Mechanismen, um Ausnahmen in Coroutines zu behandeln.

Beispiel: Exception Handling mit `try-catch`

```
fun main() = runBlocking {
    launch {
    try {
        riskyOperation()
    } catch (e: Exception) {
        println("Fehler aufgefangen: ${e.message}")
    }
    }
}
```

```
suspend fun riskyOperation() {
    throw Exception("Etwas ist schiefgelaufen!")
}
```

In diesem Beispiel fängt der `try-catch`-Block die Ausnahme innerhalb der Coroutine auf und verhindert, dass das Programm abstürzt.

10.9 Zusammenfassung

In diesem Kapitel haben wir die Grundlagen der **Coroutine-basierten nebenläufigen Programmierung** in Kotlin behandelt. Wichtige Punkte, die Sie gelernt haben:

- Coroutines bieten eine leistungsstarke und leichtgewichtige Möglichkeit, nebenläufigen Code in einer nicht-blockierenden Weise zu schreiben.
- Durch die Verwendung von `launch` und `async` können Coroutines gestartet werden, die Aufgaben parallel ausführen.
- **Dispatchers** steuern, auf welchem Thread oder welcher Ausführungsumgebung Coroutines laufen.
- **Jobs** erlauben das Verwalten und Abbrechen von Coroutines.
- Kotlin fördert **strukturierte Nebenläufigkeit**, um sicherzustellen, dass Coroutines in klar definierten Scopes verwaltet werden.

Mit diesen Werkzeugen können Sie nebenläufigen Code effizient schreiben und so die Leistung und Reaktionsfähigkeit Ihrer Kotlin-Anwendungen verbessern.

Kapitel 11: Fortgeschrittene Collection-Operationen

In Kotlin gibt es eine Vielzahl von **Sammlungen** (Collections), wie Listen, Sets und Maps, die Ihnen helfen, Daten auf strukturierte und effiziente Weise zu speichern und zu verarbeiten. Was Kotlin von anderen Sprachen abhebt, ist die reiche Menge an **fortgeschrittenen Operationen** für diese Sammlungen, die das Arbeiten mit Datenmengen vereinfacht und den Code präziser und deklarativer gestaltet.

In diesem Kapitel werden wir die wichtigsten fortgeschrittenen Funktionen für **Listen**, **Sets** und **Maps** sowie die zugrundeliegenden **Sequenzen** detailliert behandeln, um Ihnen zu zeigen, wie Sie Daten effizienter verarbeiten können.

11.1 Listen, Sets und Maps

Zunächst eine kurze Auffrischung über die grundlegenden Sammlungen in Kotlin:

- **Listen** (Lists) sind geordnete Sammlungen, die doppelte Werte zulassen.
- **Sets** sind ungeordnete Sammlungen, die keine doppelten Elemente enthalten.
- **Maps** speichern Schlüssel-Wert-Paare, wobei jeder Schlüssel eindeutig ist.

Einige grundlegende Funktionen, die Sie wahrscheinlich schon kennen, sind etwa `filter`, `map`, `find`, `first`, und `last`. In diesem Kapitel gehen wir auf fortgeschrittene Funktionen und Konzepte ein, die das Arbeiten mit Collections optimieren.

11.2 Häufige Operationen auf Listen

Listen sind die am häufigsten verwendete Collection in Kotlin. Kotlin stellt eine Vielzahl von nützlichen Funktionen bereit, die speziell für das effiziente Arbeiten mit Listen entwickelt wurden.

flatMap

Mit flatMap können Sie eine Liste in eine andere transformieren, aber anders als map wird jede Rückgabe (die normalerweise auch eine Liste ist) "abgeflacht" (flattened), d.h., alle inneren Listen werden zu einer einzigen Liste kombiniert.

```
val numbers = listOf(1, 2, 3)
val flatMapped = numbers.flatMap { listOf(it, it * 2) }
println(flatMapped)  // Ausgabe: [1, 2, 2, 4, 3, 6]
```

Hier erzeugt flatMap eine Liste, die das Originalelement und das doppelte Element enthält, und alle Teillisten werden zu einer flachen Liste kombiniert.

groupBy

Mit groupBy können Sie eine Liste nach bestimmten Kriterien in Gruppen unterteilen und das Ergebnis als Map erhalten.

```
val names = listOf("Anna", "Peter", "Paul", "Anja")
val grouped = names.groupBy { it.first() }
println(grouped)  // Ausgabe: {A=[Anna, Anja],
P=[Peter, Paul]}
```

In diesem Beispiel wird die Liste von Namen nach ihrem ersten Buchstaben gruppiert. Das Ergebnis ist eine Map, in der der Schlüssel der erste Buchstabe und der Wert die Liste der entsprechenden Namen ist.

Die Funktion `partition` teilt eine Liste in zwei Listen auf, basierend auf einer Bedingung: eine Liste enthält alle Elemente, die die Bedingung erfüllen, die andere enthält die restlichen.

```
val (even, odd) = listOf(1, 2, 3, 4, 5).partition { it
% 2 == 0 }
println(even)   // Ausgabe: [2, 4]
println(odd)    // Ausgabe: [1, 3, 5]
```

Hier werden die Zahlen in gerade und ungerade aufgeteilt.

11.3 Sets und ihre besonderen Operationen

Sets bieten eine spezielle Möglichkeit, mit eindeutigen Elementen zu arbeiten. Neben den grundlegenden Operationen wie Hinzufügen, Entfernen oder Prüfen von Elementen, gibt es interessante mathematische Funktionen für Sets, die auf **Mengenlehre** basieren.

union, intersect, subtract

Mit diesen Funktionen können Sie Mengenoperationen auf Sets ausführen:

- union: Gibt die Vereinigungsmenge zweier Sets zurück (alle einzigartigen Elemente beider Sets).
- intersect: Gibt die Schnittmenge zurück (gemeinsame Elemente beider Sets).
- subtract: Gibt die Differenzmenge zurück (Elemente des ersten Sets, die nicht im zweiten Set enthalten sind).

```
val set1 = setOf(1, 2, 3)
val set2 = setOf(3, 4, 5)
```

```
println(set1.union(set2))        // Ausgabe: [1, 2, 3,
4, 5]
println(set1.intersect(set2))    // Ausgabe: [3]
println(set1.subtract(set2))     // Ausgabe: [1, 2]
```

Diese Funktionen erleichtern das Arbeiten mit Sets erheblich, insbesondere wenn Sie mathematische oder mengenbasierte Probleme lösen müssen.

11.4 Arbeiten mit Maps

Maps bieten eine praktische Möglichkeit, Schlüssel-Wert-Paare zu speichern. Kotlin erweitert die Funktionalität von Maps durch nützliche Operationen, die Ihre Arbeit mit diesen Sammlungen optimieren.

mapKeys und mapValues

Diese Funktionen ermöglichen es Ihnen, nur die Schlüssel oder nur die Werte in einer Map zu transformieren:

- mapKeys: Wandelt alle Schlüssel in einer Map um.
- mapValues: Wandelt alle Werte in einer Map um.

```
val map = mapOf(1 to "one", 2 to "two", 3 to "three")
val newKeys = map.mapKeys { it.key * 10 }
val newValues = map.mapValues { it.value.uppercase() }
println(newKeys)   // Ausgabe: {10=one, 20=two,
30=three}
println(newValues) // Ausgabe: {1=ONE, 2=TWO, 3=THREE}
```

Diese Funktionen sind nützlich, wenn Sie entweder die Struktur oder den Inhalt einer Map ändern möchten, ohne sie manuell neu zu erstellen.

filterKeys und filterValues

Zusätzlich bietet Kotlin eine einfache Möglichkeit, Maps basierend auf den Schlüsseln oder Werten zu filtern.

```
val map = mapOf(1 to "one", 2 to "two", 3 to "three")
val filteredByKey = map.filterKeys { it > 1 }
val filteredByValue = map.filterValues {
it.startsWith("t") }
println(filteredByKey)    // Ausgabe: {2=two, 3=three}
println(filteredByValue) // Ausgabe: {2=two, 3=three}
```

Mit diesen Funktionen können Sie Teile einer Map gezielt basierend auf Bedingungen extrahieren, was die Arbeit mit Maps erheblich vereinfacht.

11.5 Arbeiten mit Sequenzen

Während Kotlin-Listen eager, also sofort, verarbeitet werden, bieten **Sequenzen** (Sequences) eine Möglichkeit, Sammlungen **lazy** zu verarbeiten. Das bedeutet, dass die Elemente nur verarbeitet werden, wenn sie benötigt werden. Dies kann besonders bei großen Datenmengen hilfreich sein, um Speicher zu sparen und die Leistung zu verbessern.

Erstellen einer Sequenz

Eine Sequenz kann aus einer bestehenden Liste erstellt werden:

```
val sequence = listOf(1, 2, 3, 4, 5).asSequence()
```

Lazy Evaluation

Die Funktionen einer Sequenz werden erst ausgeführt, wenn tatsächlich auf die Elemente zugegriffen wird, was den Vorteil hat, dass unnötige Berechnungen vermieden werden.

```
val numbers = sequenceOf(1, 2, 3, 4, 5)
val lazyMapped = numbers.map { it * 2 }  // Wird noch
nicht ausgeführt
println(lazyMapped.toList())  // Jetzt wird die
Transformation ausgeführt
```

Im Gegensatz zu Listen werden die map- und filter-Operationen erst dann angewendet, wenn auf das Ergebnis zugegriffen wird (z.B. mit toList()).

Effizienz von Sequenzen

Sequenzen sind besonders nützlich, wenn Sie eine Reihe von Transformationen auf eine große Menge von Daten anwenden, da sie Zwischenergebnisse vermeiden:

```
val numbers = (1..1_000_000).asSequence()
    .map { it * 2 }
    .filter { it % 3 == 0 }
    .take(10)
    .toList()
println(numbers)  // Ausgabe: [6, 12, 18, 24, 30, 36,
42, 48, 54, 60]
```

In diesem Beispiel wird die Sequenz schrittweise verarbeitet, ohne dass eine Liste mit einer Million Elementen im Speicher gehalten wird. Stattdessen werden nur die ersten 10 passenden Elemente berechnet.

11.6 Zusammenfassung

In diesem Kapitel haben wir uns eingehend mit den fortgeschrittenen Funktionen und Möglichkeiten von Kotlin-Sammlungen beschäftigt. Die wichtigsten Punkte sind:

- `flatMap`, `groupBy` und `partition` bieten erweiterte Möglichkeiten zur Transformation und Organisation von Listen.
- Sets bieten spezielle Mengenoperationen wie `union`, `intersect` und `subtract`, die auf Mengenlehre basieren.
- Maps lassen sich mit Funktionen wie `mapKeys`, `mapValues`, `filterKeys` und `filterValues` gezielt verarbeiten.
- **Sequenzen** ermöglichen eine **lazy** Verarbeitung von Daten, was Speicher spart und die Effizienz bei der Verarbeitung großer Datenmengen erhöht.

Diese Werkzeuge machen Kotlin zu einer Sprache, die sehr präzisen, ausdrucksstarken und effizienten Code ermöglicht, insbesondere beim Arbeiten mit Sammlungen.

Kapitel 12: Erweiterungen und DSLs in Kotlin

Kotlin bietet eine mächtige Spracheigenschaft namens **Erweiterungsfunktionen**, die es ermöglicht, bestehende Klassen zu erweitern, ohne sie ändern oder vererben zu müssen. Dies ist eine der herausragendsten Funktionen von Kotlin und erlaubt es, sauberen und prägnanten Code zu schreiben. Darüber hinaus unterstützt Kotlin die Entwicklung von **Domain-Specific Languages (DSLs)**, wodurch Sie Ihre eigene mini-spezialisierte Sprache erstellen können, die perfekt auf die Bedürfnisse eines bestimmten Problems zugeschnitten ist.

In diesem Kapitel werden wir die Grundlagen und das Potenzial von **Erweiterungen** und die Schaffung von **DSLs** detailliert erklären.

12.1 Einführung in Erweiterungsfunktionen

Eine **Erweiterungsfunktion** (extension function) erlaubt es, einer bestehenden Klasse zusätzliche Funktionen hinzuzufügen, ohne die Klasse selbst zu verändern. Dies ist besonders nützlich, wenn Sie mit Klassen arbeiten, die Sie nicht ändern können, wie z.B. Klassen aus Bibliotheken.

Erweiterungsfunktion definieren

Eine Erweiterungsfunktion wird außerhalb der Klasse definiert, die sie erweitert, und verwendet die Syntax Klassenname.Funktionsname.

```
fun String.addExclamation(): String {
    return this + "!"
}
fun main() {
    val text = "Hallo"
    println(text.addExclamation())   // Ausgabe:
Hallo!
}
```

In diesem Beispiel haben wir die Klasse String um eine neue Funktion addExclamation erweitert, die ein Ausrufezeichen an den String anhängt. Dies funktioniert so, als wäre addExclamation eine Methode der String-Klasse, ohne dass wir die ursprüngliche Klasse ändern mussten.

Erweiterungsfunktionen und Vererbung

Eine wichtige Einschränkung bei Erweiterungsfunktionen ist, dass sie **nicht überschreibbar** sind. Das bedeutet, dass die Erweiterungsfunktion immer auf dem statischen Typ des Objekts aufgerufen wird, nicht auf dem dynamischen Typ.

```
open class Shape
class Circle : Shape()

fun Shape.describe() = "I'm a shape"
fun Circle.describe() = "I'm a circle"

fun main() {
    val shape: Shape = Circle()
    println(shape.describe())  // Ausgabe: I'm a
shape
}
```

In diesem Beispiel wird die Erweiterungsfunktion von Shape aufgerufen, auch wenn das tatsächliche Objekt ein Circle ist. Kotlin verwendet bei Erweiterungsfunktionen den Typ zur Kompilierzeit und nicht den tatsächlichen Laufzeittyp.

12.2 Erweiterungseigenschaften

Ähnlich wie Erweiterungsfunktionen können Sie auch **Eigenschaften** (properties) für bestehende Klassen erweitern. Diese Erweiterungen sind syntaktisch ähnlich, funktionieren aber nur mit Getter- und Setter-Methoden, da Sie keine neue Instanzvariablen hinzufügen können.

Beispiel für eine Erweiterungseigenschaft

```
val String.firstChar: Char
    get() = this[0]

fun main() {
    val text = "Kotlin"
    println(text.firstChar)  // Ausgabe: K
}
```

Hier haben wir eine Erweiterungseigenschaft für die String-Klasse hinzugefügt, die das erste Zeichen eines Strings zurückgibt.

12.3 Erweiterungsfunktionen für Standardklassen

Erweiterungsfunktionen sind in Kotlin so verbreitet, dass die Standardbibliothek eine Vielzahl von Erweiterungsfunktionen für die wichtigsten Klassen wie `List`, `Set`, `String` und viele mehr bereitstellt. Einige der gebräuchlichsten sind `map`, `filter`, `forEach`, `take`, und viele weitere.

Beispiel: Erweiterungsfunktion für Listen

```kotlin
fun <T> List<T>.secondOrNull(): T? {
    return if (this.size > 1) this[1] else null
}
fun main() {
    val list = listOf(1, 2, 3)
    println(list.secondOrNull())  // Ausgabe: 2
}
```

Hier haben wir die `List`-Klasse um eine Methode `secondOrNull` erweitert, die das zweite Element der Liste zurückgibt, oder `null`, falls die Liste weniger als zwei Elemente hat.

12.4 Infix-Funktionen

Infix-Funktionen sind eine spezielle Art von Funktionen in Kotlin, die auf eine lesbare Art und Weise aufgerufen werden können, ohne Punkt- oder Klammernotation. Dies wird häufig für **Operator-ähnliche Funktionen** verwendet.

Erstellen einer Infix-Funktion

Um eine Funktion als Infix zu deklarieren, verwenden Sie das Schlüsselwort `infix`. Die Funktion muss eine Member- oder Erweiterungsfunktion sein und genau einen Parameter haben.

```
infix fun Int.timesBy(factor: Int): Int {
    return this * factor
}

fun main() {
    println(5 timesBy 3)  // Ausgabe: 15
}
```

In diesem Beispiel haben wir eine Infix-Funktion `timesBy` erstellt, die eine multiplizierende Operation für `Int`-Werte durchführt. Diese Funktion wird in einer sehr natürlichen Syntax verwendet (`5 timesBy 3`).

12.5 Einführung in DSLs

Eine **Domain-Specific Language (DSL)** ist eine spezialisierte, auf eine spezifische Problemdomäne zugeschnittene Sprache. Kotlin eignet sich hervorragend zum Schreiben von **internen DSLs**, da es Flexibilität in der Syntax bietet und durch Eigenschaften wie **Erweiterungen**, **Lambda-Ausdrücke** und **Infix-Funktionen** ausdrucksstarke DSLs ermöglicht.

DSLs helfen dabei, Code lesbarer und auf eine bestimmte Problemlösung fokussiert zu gestalten, ohne dass allgemeine Sprachkonstrukte verwendet werden müssen.

12.6 Erstellen einer einfachen DSL

Schauen wir uns ein einfaches Beispiel einer DSL für das Erstellen von HTML-Strukturen an. Mit einer DSL können Sie eine sehr ausdrucksstarke und lesbare Art und Weise schaffen, um eine HTML-Seite zu beschreiben, ohne auf direkte String-Verkettungen zurückzugreifen.

Beispiel einer HTML-DSL

```
class Tag(val name: String) {
    private val children = mutableListOf<Tag>()
    private val attributes = mutableMapOf<String,
String>()
    fun add(tag: Tag) {
    children.add(tag)
    }
    fun setAttribute(key: String, value: String) {
    attributes[key] = value
    }
    override fun toString(): String {
    val attrs = attributes.map {
"${it.key}=\"${it.value}\"" }.joinToString(" ")
    val innerHtml = children.joinToString("\n") {
it.toString() }
    return "<$name $attrs>$innerHtml</$name>"
    }
}
fun html(init: Tag.() -> Unit): Tag {
    val root = Tag("html")
    root.init()
    return root
}
fun Tag.body(init: Tag.() -> Unit) =
add(Tag("body").apply(init))
fun Tag.p(init: Tag.() -> Unit) =
add(Tag("p").apply(init))

fun main() {
    val htmlDoc = html {
    body {
            p {
                    setAttribute("class", "text")
            }
        }
    }
```

```
        println(htmlDoc)
}
```

In diesem Beispiel haben wir eine kleine DSL für HTML-Tags erstellt. Anstatt HTML als Strings zu schreiben, können Sie eine Kotlin-ähnliche Syntax verwenden, um eine HTML-Struktur zu erstellen. Die DSL sorgt dafür, dass der Code klar und gut lesbar bleibt.

Erklärung des Beispiels:

- Die Klasse Tag repräsentiert ein HTML-Tag und enthält eine Liste von Kind-Tags sowie eine Map für Attribute.
- Mit der Funktion html starten wir die Struktur des Dokuments, und mit body und p fügen wir Körper und Absätze hinzu.
- Die DSL nutzt die Lambda-Syntax (Tag.() -> Unit), um einen deklarativen und einfachen Ansatz zur Erstellung von HTML-Dokumenten zu ermöglichen.

12.7 Erstellen komplexerer DSLs

Komplexere DSLs folgen denselben Grundprinzipien, erlauben aber eine noch größere Flexibilität. Sie können beispielsweise **Verschachtelungen**, **benutzerdefinierte Schlüsselwörter** und **Operatoren** verwenden, um den Ausdruck Ihrer DSL zu erweitern.

Beispiel: DSL für Konfigurationsdateien

Eine praktische Anwendung von DSLs ist das Erstellen von Konfigurationsdateien. Betrachten wir eine DSL, die zur Definition von Einstellungen in einer Konfigurationsdatei verwendet werden kann:

```
class Config {
    private val settings = mutableMapOf<String,
String>()

    fun set(key: String, value: String) {
    settings[key] = value
    }
    override fun toString(): String {
    return settings.map { "${it.key}: ${it.value}"
}.joinToString("\n")
    }
}
fun config(init: Config.() -> Unit): Config {
    val config = Config()
    config.init()
    return config
}
fun main() {
    val myConfig = config {
    set("host", "localhost")
    set("port", "8080")
    }
    println(myConfig)
}
```

Hier haben wir eine DSL für eine Konfigurationsdatei erstellt, in der Sie Einstellungen wie Host und Port auf einfache und deklarative Weise festlegen können.

12.8 Zusammenfassung

In diesem Kapitel haben wir die Themen **Erweiterungsfunktionen** und **DSLs** behandelt und gezeigt, wie Sie die Flexibilität von Kotlin nutzen können, um Ihren Code klarer, prägnanter und anpassungsfähiger zu gestalten:

- **Erweiterungsfunktionen** erlauben es Ihnen, bestehende Klassen mit neuen Funktionen zu versehen, ohne sie zu verändern.
- **Infix-Funktionen** bieten eine elegante Möglichkeit, Funktionen wie Operatoren zu verwenden.
- **DSLs** ermöglichen es, auf eine natürliche und deklarative Weise spezifische Problemlösungen in einem ausdrucksstarken Format zu implementieren.

Mit diesen Techniken können Sie Kotlin nutzen, um Ihren Code flexibler, modularer und besser auf spezielle Anwendungsfälle zugeschnitten zu gestalten.

Kapitel 13: Kotlin Multiplatform – Ein Code, viele Plattformen

Kotlin ist nicht nur eine Sprache für die JVM (Java Virtual Machine), sondern ermöglicht es auch, plattformübergreifenden Code zu schreiben, der auf mehreren Zielplattformen wie Android, iOS, JavaScript und nativen Systemen ausgeführt werden kann. Diese Fähigkeit wird als Kotlin Multiplatform bezeichnet. Sie erlaubt Entwicklern, Geschäftslogik und andere plattformunabhängige Teile ihrer Anwendung einmal zu schreiben und auf verschiedenen Plattformen zu wiederverwenden.

In diesem Kapitel betrachten wir die Grundlagen von Kotlin Multiplatform (KMP), die Struktur eines KMP-Projekts, das Teilen von Code zwischen verschiedenen Plattformen sowie einige häufige Anwendungsfälle.

13.1 Was ist Kotlin Multiplatform?

Kotlin Multiplatform ermöglicht es Ihnen, gemeinsamen Code zu schreiben, der sowohl auf der JVM, Android, iOS, JavaScript als auch nativen Plattformen läuft. Im Gegensatz zu anderen plattformübergreifenden Ansätzen wie etwa Flutter oder React Native, die oft auf einer einzelnen UI-Toolkit-Basis aufbauen, konzentriert sich Kotlin Multiplatform darauf, die gemeinsame Geschäftslogik und Datenverarbeitung zwischen den Plattformen zu teilen, während die Benutzeroberfläche nativen Toolkits überlassen wird.

Dies bietet mehrere Vorteile:

- Code-Wiederverwendung: Sie schreiben Kernlogik wie Netzwerkkommunikation, Datenmodellierung und Validierung nur einmal und können sie für Android, iOS, Web und andere Plattformen verwenden.

- Flexibilität: Sie können entscheiden, wie viel Code Sie teilen möchten. Beispielsweise können Sie die Geschäftslogik teilen und plattformspezifische Benutzeroberflächen beibehalten.

13.2 Projektstruktur eines Multiplatform-Projekts

Ein Kotlin-Multiplatform-Projekt (KMP) besteht aus verschiedenen Quellcode-Sets, die aufgeteilt sind in:

- Gemeinsamer Code: Dieser Code kann auf allen Plattformen wiederverwendet werden.

- Plattformspezifischer Code: Code, der speziell für eine Plattform geschrieben wurde (z.B. für Android, iOS oder Web).

Die typische Ordnerstruktur eines Multiplatform-Projekts könnte wie folgt aussehen:

```
/src
  /commonMain          // Gemeinsamer
plattformübergreifender Code
  /commonTest          // Tests für den gemeinsamen Code
  /androidMain         // Android-spezifischer Code
  /iosMain             // iOS-spezifischer Code
  /jsMain              // JavaScript-spezifischer Code
```

- `commonMain`: Hier kommt der Code hin, der für alle Plattformen verwendet wird. Zum Beispiel Geschäftslogik, Datenmodelle oder API-Aufrufe.
- `androidMain`, `iosMain`, `jsMain`: In diesen Ordnern kommt Code, der nur auf der jeweiligen Plattform läuft.

13.3 Gemeinsamer Code

Der zentrale Aspekt eines Multiplatform-Projekts ist das **Teilen von Code**. Sie können viele Teile Ihrer Anwendung wie Datenmodelle, Geschäftslogik und Netzwerkschichten im gemeinsamen Modul schreiben und auf allen Plattformen verwenden.

Beispiel: Datenmodelle teilen

Ein typisches Beispiel ist das Teilen von Datenmodellen. Angenommen, Sie haben eine API, die Daten zu Büchern zurückgibt. Sie können das Modell, das die Buchdaten repräsentiert, im gemeinsamen Modul definieren:

```
// commonMain
```

```
data class Book(val title: String, val author:
String)
```

Dieses Datenmodell kann dann sowohl in der Android-App als auch in der iOS-App verwendet werden.

Logik teilen

Neben Datenmodellen können Sie auch Geschäftslogik teilen. Beispielsweise könnte eine Validierungsfunktion, die prüft, ob ein Buchtitel eine bestimmte Länge hat, einmal im gemeinsamen Modul definiert und auf allen Plattformen verwendet werden:

```
// commonMain
fun validateBookTitle(title: String): Boolean {
    return title.length > 3
}
```

Diese Funktion kann dann in Ihren Android- oder iOS-spezifischen UI-Komponenten aufgerufen werden.

13.4 Plattformspezifischer Code

Nicht alle Aspekte einer Anwendung können vollständig plattformübergreifend sein. Beispielsweise sind APIs für den Dateizugriff, das Netzwerk oder die Benutzeroberfläche von Plattform zu Plattform unterschiedlich. Kotlin Multiplatform bietet Mechanismen, um plattformspezifischen Code zu verwenden, wenn er benötigt wird, ohne die Vorteile des gemeinsamen Codes zu verlieren.

Erwartete und tatsächliche Deklarationen

Um plattformspezifischen Code in einem Multiplatform-Projekt zu handhaben, verwendet Kotlin das Konzept der **expected** und

actual Deklarationen. Eine `expect`-Deklaration wird im gemeinsamen Modul definiert, und jede Plattform muss dann eine `actual`-Implementierung dieser Deklaration bereitstellen.

Beispiel: Plattformübergreifender Zeitstempel

Angenommen, Sie möchten eine Funktion, die den aktuellen Zeitstempel zurückgibt, aber jede Plattform hat ihre eigene API dafür:

```
// commonMain
expect fun getCurrentTime(): Long
```

Für Android könnten Sie die Funktion mit der Systemzeit implementieren:

```
// androidMain
actual fun getCurrentTime(): Long {
    return System.currentTimeMillis()
}
```

Für iOS würde die Implementierung so aussehen:

```
// iosMain
actual fun getCurrentTime(): Long {
    return NSDate().timeIntervalSince1970.toLong()
}
```

Die gemeinsame Logik kann nun `getCurrentTime()` verwenden, ohne sich um plattformspezifische Details kümmern zu müssen.

13.5 Anwendungsfälle für Kotlin Multiplatform

Kotlin Multiplatform ist besonders nützlich für die folgenden Anwendungsfälle:

1. Netzwerkschicht teilen

Viele mobile Anwendungen kommunizieren mit einer API. Sie können die gesamte Netzwerkschicht und die zugehörigen Datenmodelle im gemeinsamen Modul schreiben. Zum Beispiel können Sie eine API-Schnittstelle im gemeinsamen Modul definieren und sie in Ihrer Android- und iOS-App verwenden.

```
// commonMain
interface BookService {
    suspend fun fetchBooks(): List<Book>
}
```

Die konkrete Implementierung des Netzwerks (z.B. mit Ktor) kann im gemeinsamen Modul erfolgen, und alle Plattformen können diese Logik teilen.

2. Geschäftslogik teilen

Komplexe Geschäftslogik, wie Validierung, Datenmanipulation oder Authentifizierung, kann im gemeinsamen Modul implementiert werden. Dies reduziert nicht nur den Arbeitsaufwand, sondern minimiert auch Fehler, da die Logik nur einmal geschrieben und getestet werden muss.

3. Datenspeicherung teilen

Sie können auch plattformübergreifende Lösungen für die Speicherung von Daten verwenden, wie zum Beispiel SQLDelight oder Ktor für die Netzwerkkommunikation und Datenbankzugriffe. SQLDelight unterstützt Multiplatform-Projekte und bietet eine API, die sowohl auf Android als auch iOS verwendet werden kann.

13.6 Integration in bestehende Projekte

Ein großer Vorteil von Kotlin Multiplatform ist die Möglichkeit, es **schrittweise** in bestehende Projekte zu integrieren. Sie müssen nicht sofort Ihre gesamte Codebasis umstellen, sondern können zunächst nur bestimmte Teile, wie die Geschäftslogik oder Datenmodelle, in einem gemeinsamen Modul implementieren.

Schrittweise Integration in eine bestehende Android-App

Für Android können Sie ein Multiplatform-Modul in ein bestehendes Projekt integrieren, ohne die gesamte App zu ändern. Sie können beispielsweise beginnen, Netzwerk- oder Geschäftslogik in einem gemeinsamen Modul zu extrahieren und dieses Modul sowohl für Android als auch für andere Plattformen nutzbar zu machen.

13.7 Kotlin Multiplatform für mobile Entwicklung: Android und iOS

Besonders in der mobilen Entwicklung gewinnt Kotlin Multiplatform an Bedeutung. Es ermöglicht, den gemeinsamen Code zwischen **Android** und **iOS** zu teilen, was den Entwicklungsaufwand für mobile Anwendungen erheblich reduziert. Während die Benutzeroberfläche nativen Plattformen überlassen bleibt (z.B. Jetpack Compose für Android und SwiftUI für iOS), kann die gesamte Geschäftslogik gemeinsam genutzt werden.

Beispiel: Gemeinsame Geschäftslogik für eine mobile App

Angenommen, Sie entwickeln eine App, die Bücher von einem Server lädt und anzeigt. Mit Kotlin Multiplatform können Sie die Netzwerkschicht, die Logik zum Abrufen der Daten sowie die Validierung des Eingabetitels teilen.

```
// commonMain
suspend fun fetchAndValidateBooks(service:
BookService): List<Book> {
    val books = service.fetchBooks()
    return books.filter { validateBookTitle(it.title)
}
}
```

Diese Logik kann dann sowohl in der Android-App als auch in der iOS-App verwendet werden, während die Benutzeroberfläche plattformabhängig bleibt.

13.8 Tools und Bibliotheken für Kotlin Multiplatform

Es gibt eine wachsende Anzahl von **Bibliotheken**, die Kotlin Multiplatform unterstützen und die Entwicklung vereinfachen:

- **Ktor**: Eine plattformübergreifende Bibliothek für Netzwerkanfragen, die auf Android, iOS und im Web funktioniert.
- **SQLDelight**: Eine Multiplatform-Bibliothek zur Verwendung von SQLite-Datenbanken.
- **Kotlinx Serialization**: Eine plattformübergreifende Bibliothek zur Serialisierung von Daten.
- **Coroutines**: Kotlin's plattformübergreifende Bibliothek für asynchrone Programmierung.

Diese Tools ermöglichen eine nahtlose plattformübergreifende Entwicklung und helfen, Code-Wiederverwendung weiter zu maximieren.

13.9 Zusammenfassung

Kotlin Multiplatform bietet eine äußerst flexible Möglichkeit, Code zwischen verschiedenen Plattformen zu teilen, ohne dabei auf native APIs verzichten zu müssen. Die Möglichkeit, plattformübergreifenden **gemeinsamen Code** für Geschäftslogik, Datenmodelle und Netzwerkschichten zu schreiben, spart Entwicklungszeit und -ressourcen.

In diesem Kapitel haben wir die folgenden wichtigen Punkte behandelt:

- Die Grundlagen der **Projektstruktur** in Kotlin Multiplatform.
- **Gemeinsamen Code** zu schreiben, der plattformübergreifend verwendet werden kann.
- Wie **plattformspezifischer Code** mit erwarteten und tatsächlichen Deklarationen funktioniert.
- Beispiele und **Anwendungsfälle** für die Nutzung von Kotlin Multiplatform, besonders in der mobilen Entwicklung.
- Werkzeuge und Bibliotheken, die plattformübergreifende Projekte unterstützen.

Kotlin Multiplatform erlaubt es Ihnen, den besten Kompromiss zwischen Code-Wiederverwendbarkeit und plattformspezifischer Anpassung zu finden und bietet so eine leistungsstarke Lösung für moderne Softwareentwicklung über verschiedene Plattformen hinweg.

Kapitel 14: Coroutines und asynchrone Programmierung in Kotlin

Eine der mächtigsten und nützlichsten Funktionen in Kotlin ist die Unterstützung für **Coroutines**. Sie ermöglichen eine elegante und effiziente Verwaltung von **asynchronen Aufgaben**, ohne dabei in komplexen Rückruf-Hierarchien oder Blockaden zu enden, wie es in herkömmlichen threading-basierten Ansätzen oft der Fall ist. In diesem Kapitel werden wir tief in die Funktionsweise von Coroutines eintauchen, ihre Anwendung in der Praxis betrachten und die wichtigsten Konzepte und Techniken erläutern.

14.1 Was sind Coroutines?

Coroutines sind eine Form der **kooperativen Nebenläufigkeit**, die es uns ermöglicht, nicht-blockierenden, asynchronen Code zu schreiben, der sich fast wie synchroner Code liest. In Kotlin basieren Coroutines auf dem Konzept von **leichtgewichtigen Threads**, die effizienter als herkömmliche Betriebssystem-Threads sind.

Wichtige Eigenschaften von Coroutines:

- **Leichtgewichtig**: Tausende von Coroutines können parallel ausgeführt werden, ohne die Ressourcen wie Threads zu verbrauchen.
- **Nicht-blockierend**: Coroutines blockieren nicht den aktuellen Thread, wenn sie auf eine ressourcenintensive Operation warten (z.B. eine Netzwerkanfrage oder eine Datenbankabfrage).
- **Kooperativ**: Coroutines geben die Kontrolle freiwillig zurück, anstatt gewaltsam vom Scheduler unterbrochen zu werden, wie es bei Threads der Fall ist.

14.2 Grundlegende Coroutine-Mechanismen

Kotlin stellt eine einfache API zur Verfügung, um Coroutines zu verwenden. Die beiden wichtigsten Schlüsselwörter sind:

- **suspend**: Markiert eine Funktion als „suspendierbar", d.h. sie kann innerhalb einer Coroutine ausgeführt werden und pausiert werden, wenn dies notwendig ist.

- `launch` und `async`: Starten eine neue Coroutine, die entweder eine asynchrone Berechnung durchführt oder eine Aufgabe ohne Ergebnis ausführt.

Eine einfache Coroutine

Ein typisches Beispiel für die Verwendung von Coroutines in Kotlin sieht folgendermaßen aus:

```
fun main() = runBlocking {
    launch {
    println("Coroutine gestartet")
    delay(1000) // Simuliert eine Verzögerung von 1
Sekunde
    println("Coroutine beendet")
    }
    println("Main-Funktion")
}
```

Hier wird die `launch`-Funktion verwendet, um eine Coroutine zu starten, die eine Sekunde wartet, bevor sie ihren Code ausführt. Die `delay`-Funktion blockiert nicht den aktuellen Thread, sondern „pausiert" die Coroutine.

14.3 Suspendierbare Funktionen (suspend)

Das Schlüsselwort **suspend** ermöglicht es, eine Funktion als „suspendierbar" zu deklarieren. Dies bedeutet, dass sie in einer Coroutine ausgeführt werden kann und jederzeit „pausiert" und später wieder aufgenommen werden kann, ohne den aktuellen Thread zu blockieren.

Beispiel: Eine suspendierbare Funktion

```
suspend fun fetchData(): String {
    delay(1000) // Simuliert einen Netzwerkanruf
```

```
        return "Daten abgerufen"
}

fun main() = runBlocking {
    val data = fetchData()
    println(data)
}
```

In diesem Beispiel simuliert fetchData eine Netzwerkanfrage, indem sie die Funktion delay verwendet. Da fetchData als suspend markiert ist, kann sie in einer Coroutine ausgeführt werden und asynchron auf den Abschluss der Operation warten, ohne den Main-Thread zu blockieren.

14.4 Scopes und Coroutine Builder

Eine **Coroutine** muss immer innerhalb eines **Coroutine-Scope** laufen. Ein **Coroutine-Scope** definiert den Lebenszyklus von Coroutines und ermöglicht die einfache Verwaltung mehrerer Coroutines. Kotlin bietet verschiedene Coroutine-Scope-Typen an, wie z.B. GlobalScope oder runBlocking, um unterschiedliche Lebenszyklen und Anwendungsfälle zu unterstützen.

- GlobalScope: Coroutines, die im GlobalScope gestartet werden, leben solange die gesamte Anwendung läuft.
- runBlocking: Blockiert den aktuellen Thread, bis alle Coroutines im Scope abgeschlossen sind. Dies wird oft in Beispielprogrammen oder für Tests verwendet, ist aber in produktiven Umgebungen weniger empfehlenswert.

Beispiel: Verwenden von Coroutine Scopes

```
fun main() = runBlocking {
    launch {

    delay(500)
    println("Erste Coroutine")
    }

    launch {
    delay(1000)
    println("Zweite Coroutine")
    }
    println("Main-Funktion")
}
```

Hier werden zwei Coroutines gestartet, die beide innerhalb eines runBlocking-Scopes laufen und nach einer gewissen Verzögerung ihre Arbeit verrichten.

14.5 Asynchrone Berechnungen mit async und await

Während launch verwendet wird, um eine Coroutine zu starten, die keinen Rückgabewert hat, wird **async** verwendet, um eine Coroutine zu starten, die eine asynchrone Berechnung durchführt und einen Wert zurückgibt. Der Rückgabewert wird über die Funktion **await** abgerufen.

Beispiel: Parallele Berechnungen mit async

```
fun main() = runBlocking {
    val result1 = async { longRunningTask(1) }
    val result2 = async { longRunningTask(2) }

    println("Ergebnis 1: ${result1.await()}")
```

```
        println("Ergebnis 2: ${result2.await()}")
}
suspend fun longRunningTask(number: Int): Int {
    delay(1000) // Simuliert eine aufwändige
Berechnung
    return number * 10
}
```

In diesem Beispiel werden zwei asynchrone Aufgaben parallel ausgeführt, und beide Ergebnisse werden erst dann abgerufen, wenn die Berechnungen abgeschlossen sind. Dies zeigt die Leistungsfähigkeit von async und await, um parallel laufende Aufgaben zu verwalten.

14.6 Fehlerbehandlung in Coroutines

Auch in Coroutines können Fehler auftreten, die sinnvoll behandelt werden müssen. Kotlin bietet spezielle Mechanismen zur **Fehlerbehandlung in Coroutines**, wie z.B. **Exception-Handling** und **SupervisorScopes**, um sicherzustellen, dass Fehler in einer Coroutine nicht automatisch andere Coroutines beeinflussen.

Beispiel: Fehlerbehandlung mit try-catch

```
fun main() = runBlocking {
    launch {
    try {
        fetchDataWithError()
    } catch (e: Exception) {
        println("Fehler: ${e.message}")
    }
    }
}
```

```
suspend fun fetchDataWithError() {
    delay(1000)

    throw Exception("Fehler beim Abrufen der Daten")
}
```

In diesem Beispiel wird ein Fehler in der Coroutine geworfen und in der aufrufenden Coroutine über einen klassischen `try-catch`-Block abgefangen.

14.7 Channels: Kommunikation zwischen Coroutines

Kotlin bietet mit **Channels** eine einfache Möglichkeit, Daten zwischen Coroutines auszutauschen. Ein **Channel** kann als eine Pipeline verstanden werden, über die Daten gesendet und empfangen werden.

Beispiel: Verwendung eines Channels

```
fun main() = runBlocking {
    val channel = Channel<Int>()

    launch {
    for (x in 1..5) {
        channel.send(x)
    }
    channel.close() // Schließt den Channel nach dem
Senden der Daten
    }
    for (y in channel) {
    println(y)
    }
}
```

In diesem Beispiel sendet eine Coroutine Zahlen in einen Channel, und eine andere Coroutine empfängt diese und gibt sie aus.

Channels sind eine mächtige Möglichkeit, um sicher und effizient zwischen Coroutines zu kommunizieren.

14.8 Coroutines und Threading

Obwohl Coroutines nicht auf traditionellen Threads basieren, können sie auf Threads ausgeführt werden. Kotlin ermöglicht es, den **Dispatcher** zu wählen, der bestimmt, auf welchem Thread die Coroutine laufen soll. Die häufigsten Dispatcher sind:

- `Dispatchers.Default`: Nutzt einen Pool von Hintergrund-Threads für CPU-intensive Aufgaben.
- `Dispatchers.IO`: Nutzt Threads für I/O-intensive Aufgaben wie das Lesen oder Schreiben von Dateien.
- `Dispatchers.Main`: Wird in Android verwendet, um auf dem Haupt-Thread zu arbeiten (z.B. für UI-Updates).

Beispiel: Verwenden von Dispatchern

```
fun main() = runBlocking {
    launch(Dispatchers.Default) {
    // CPU-intensive Berechnung
    }
    launch(Dispatchers.IO) {
    // I/O-intensive Aufgabe
    }
}
```

Mit Dispatchern können Sie sicherstellen, dass Coroutines auf den richtigen Threads laufen und Ressourcen optimal genutzt werden.

14.9 Anwendungsfälle von Coroutines

Coroutines sind vielseitig und eignen sich für eine Vielzahl von Anwendungsfällen:

- **Netzwerkoperationen**: Zum Beispiel das Abrufen von Daten aus einer API ohne Blockierung des Haupt-Threads.
- **Datenbankzugriffe**: Ausführen von Datenbankabfragen im Hintergrund.
- **Parallelverarbeitung**: Gleichzeitiges Ausführen mehrerer Aufgaben zur Verbesserung der Effizienz.
- **UI-Aktualisierungen in Android**: Coroutines ermöglichen es, langlaufende Aufgaben im Hintergrund auszuführen und danach die UI im Haupt-Thread zu aktualisieren.

14.10 Zusammenfassung

In diesem Kapitel haben wir einen umfassenden Einblick in **Coroutines** und ihre Rolle bei der asynchronen Programmierung in Kotlin erhalten. Sie sind eine leistungsstarke Möglichkeit, nicht-blockierende und effiziente Programme zu schreiben. Wir haben die wichtigsten Konzepte wie suspend-**Funktionen**, **Scopes**, launch und async behandelt und gelernt, wie Fehler in Coroutines behandelt und wie Channels für die Kommunikation verwendet werden können.

Coroutines sind ein zentrales Werkzeug in Kotlin und erleichtern die Handhabung von Nebenläufigkeit erheblich, was sie zu einem unverzichtbaren Bestandteil moderner Kotlin-Anwendungen macht.

Kapitel 15: Best Practices für Kotlin in der Produktion

Nachdem wir die Grundlagen von Kotlin, seine fortgeschrittenen Funktionen und seine Anwendung in unterschiedlichen Bereichen wie Android, Multiplatform und asynchroner Programmierung behandelt haben, ist es wichtig, einen Blick auf bewährte **Best Practices** für den produktiven Einsatz von Kotlin zu werfen. Diese

Praktiken helfen Ihnen, effizienten, wartbaren und fehlerfreien Code zu schreiben und Ihre Kotlin-Projekte langfristig erfolgreich zu machen.

In diesem Kapitel werden wir einige der wichtigsten Best Practices für die Entwicklung mit Kotlin in der Produktion betrachten. Diese Empfehlungen basieren auf den Erfahrungen von Kotlin-Entwicklern in der Praxis und beinhalten Aspekte wie Code-Stil, Performance, Testbarkeit und Wartbarkeit.

15.1 Code-Stil und Konventionen

Einer der ersten Schritte, um sauberen und lesbaren Kotlin-Code zu schreiben, ist die Einhaltung eines einheitlichen **Code-Stils**. Das offizielle **Kotlin Coding Conventions-Dokument** bietet klare Richtlinien, wie Kotlin-Code aussehen sollte. Einige der wichtigsten Empfehlungen umfassen:

- **Verwende `val` statt `var`, wann immer möglich**: Variablen sollten nach Möglichkeit unveränderlich sein. Dies führt zu sichererem und verständlicherem Code.
- **Namenskonventionen**: Funktionsnamen sollten im **camelCase** geschrieben werden, Klassen- und Interface-Namen im **PascalCase**.
- **Vermeide überflüssige `return`- und `if`-Statements**: Kotlin bietet eine Vielzahl von Idiomen, die den Code klarer und kürzer machen können. Zum Beispiel sollten `if`-Ausdrücke und `when`-Ausdrücke verwendet werden, um Werte zurückzugeben, anstatt explizite `return`-Anweisungen zu nutzen.
- **Vermeide explizite Typangaben, wenn der Typ vom Compiler abgeleitet werden kann**: Kotlin ist eine stark typisierte Sprache mit Type Inference, d.h. der Compiler kann den Typ von Variablen oft selbst bestimmen.

Beispiel für einen sauberen Kotlin-Stil:

```
fun calculateArea(width: Int, height: Int): Int {
    return width * height
}
```

Eine Alternative, die kürzer und idiomatischer ist:

```
fun calculateArea(width: Int, height: Int) = width
* height
```

15.2 Null-Sicherheit effektiv nutzen

Kotlin's **Null-Sicherheit** ist eine der herausragenden Funktionen der Sprache und hilft dabei, häufige Fehler, die durch Nullzeiger entstehen, zu vermeiden. Es ist jedoch wichtig, die Null-Sicherheit bewusst und effektiv einzusetzen:

- **Vermeide unnötige !!-Operatoren**: Der **Non-null Assertion Operator (!!)** hebt die Null-Sicherheit auf und kann zu Laufzeit-Exceptions führen. Verwenden Sie ihn nur, wenn Sie absolut sicher sind, dass der Wert niemals `null` sein kann.
- **Nutze `let` und `?.`**: Diese Funktionen und Operatoren helfen, mit `null`-Werten sicher umzugehen und den Code gleichzeitig kompakt und lesbar zu halten.

Beispiel:

```
val name: String? = null
println(name?.toUpperCase() ?: "Kein Name
vorhanden")
```

Hier verwenden wir den **Elvis-Operator (?:)**, um einen Standardwert zurückzugeben, falls der Name `null` ist.

15.3 Vermeidung von Boilerplate-Code

Eine der Stärken von Kotlin ist, dass es viel Boilerplate-Code eliminieren kann. Nutzen Sie die idiomatischen Funktionen und Sprachmerkmale von Kotlin, um sauberen, prägnanten Code zu schreiben:

- **Dataklassen (`data class`)**: Verwenden Sie **data-Klassen**, um Klassen zu definieren, die hauptsächlich zur Datenhaltung dienen. Kotlin generiert automatisch nützliche Methoden wie `toString()`, `equals()` und `hashCode()`.

Beispiel:

```
data class Person(val name: String, val age: Int)
```

- **Delegierte Eigenschaften**: Nutzen Sie **delegierte Eigenschaften** wie `lazy` und `observable`, um den Zustand Ihrer Objekte effizient zu verwalten.

Beispiel:

```
val lazyValue: String by lazy {
    println("Berechnung...")
    "Fertig!"
}
```

15.4 Testen von Kotlin-Code

Tests sind unerlässlich, um sicherzustellen, dass der Code zuverlässig und wartbar ist. Kotlin bietet umfangreiche

Unterstützung für das Schreiben von **Unit-Tests** und **Integrationstests**:

- **JUnit und Testframeworks**: Kotlin kann problemlos mit gängigen Java-Test-Frameworks wie **JUnit** und **Mockito** verwendet werden. Kotlin bietet jedoch auch **spezifische Testbibliotheken** wie **KotlinTest** oder **Spek**, die eine noch natürlichere Kotlin-Syntax bieten.

Beispiel eines einfachen Tests mit JUnit:

```
class CalculatorTest {
    @Test
    fun testAddition() {
    val calculator = Calculator()
    assertEquals(4, calculator.add(2, 2))
    }
}
```

- **Mocking**: Verwenden Sie **Mocking-Bibliotheken** wie **Mockito** oder **Mockk**, um abhängige Komponenten in Tests zu simulieren.

15.5   Effiziente   Speicher-   und Ressourcenverwaltung

Auch wenn Kotlin eine abstrahierte und moderne Sprache ist, sollte die Effizienz in Bezug auf **Speicher** und **Ressourcenverwaltung** nicht außer Acht gelassen werden:

- **Vermeiden Sie unnötige Objekterstellung**: Insbesondere in häufig aufgerufenen Funktionen sollten Sie darauf achten, keine unnötigen Objekte zu erstellen, die die Speicherleistung beeinträchtigen könnten.

- **Nutzen Sie use für Ressourcen**: Verwenden Sie den use-**Block**, um sicherzustellen, dass Ressourcen wie Dateien oder Datenbankverbindungen nach Gebrauch ordnungsgemäß geschlossen werden.

Beispiel:

```
File("example.txt").bufferedReader().use { reader ->
    println(reader.readLine())
}
```

15.6 Erweiterungsfunktionen sinnvoll einsetzen

Erweiterungsfunktionen sind eine der wichtigsten Funktionen in Kotlin, um bestehenden Klassen auf nicht-intrusive Weise neue Funktionen hinzuzufügen. Richtig eingesetzt, können sie den Code modularer und lesbarer machen:

- **Verwenden Sie Erweiterungsfunktionen sparsam**: Zu viele Erweiterungsfunktionen können den Code schwer nachvollziehbar machen, insbesondere wenn sie auf Standarddatentypen angewendet werden.
- **Schreiben Sie klar benannte Funktionen**: Stellen Sie sicher, dass der Zweck Ihrer Erweiterungsfunktionen klar ist und sie nicht unerwartetes Verhalten in bestehenden Klassen verursachen.

Beispiel:

```
fun String.isPalindrome(): Boolean {
    return this == this.reversed()
}
```

Hier fügen wir der String-Klasse eine Methode hinzu, die überprüft, ob ein String ein Palindrom ist.

15.7 Sicherer Umgang mit Coroutines

Im Kapitel über **Coroutines** haben wir bereits deren Funktionsweise und Anwendung besprochen. Für den produktiven Einsatz ist es entscheidend, einige Best Practices zu beachten:

- **Ressourcenfreigabe sicherstellen**: Verwenden Sie Mechanismen wie `try-finally` oder `withTimeout`, um sicherzustellen, dass Ressourcen auch bei unerwarteten Fehlern oder Abbrüchen ordnungsgemäß freigegeben werden.
- **Vermeiden Sie das Blockieren von Threads**: Eine häufige Fehlerquelle bei der Arbeit mit Coroutines ist das versehentliche Blockieren von Threads. Vermeiden Sie dies, indem Sie **suspendierende Funktionen** anstelle von blockierenden verwenden.

15.8 Versionskontrolle und Continuous Integration

Eine gute Praxis für alle modernen Softwareprojekte ist die Integration von **Versionskontrolle** (wie Git) und **Continuous Integration (CI)**-Pipelines. Diese ermöglichen eine regelmäßige Prüfung und Validierung des Codes sowie eine schnelle Fehlererkennung:

- **Automatisieren Sie Ihre Tests**: Richten Sie eine CI-Pipeline ein, die alle Tests automatisch ausführt, sobald neuer Code in das Repository eingecheckt wird.
- **Code-Analyse-Tools**: Integrieren Sie **Code-Analyse-Tools** wie **ktlint** oder **detekt**, um sicherzustellen, dass der Code den festgelegten Kotlin-Konventionen und Best Practices entspricht.

15.9 Dokumentation und Lesbarkeit des Codes

Die Lesbarkeit und Wartbarkeit des Codes sind entscheidend für langfristige Projekte. Einige Tipps für gut dokumentierten und lesbaren Code sind:

- **Kommentare und KDoc**: Nutzen Sie **KDoc** (die Dokumentationssyntax in Kotlin), um Ihre öffentlichen Klassen und Funktionen zu dokumentieren.
- **Selbsterklärende Namen**: Verwenden Sie aussagekräftige Namen für Variablen, Funktionen und Klassen, sodass der Code auch ohne Kommentare leicht verständlich ist.

```
Beispiel für KDoc:
/**
 * Berechnet die Fläche eines Rechtecks.
 *
 * @param width Die Breite des Rechtecks.
 * @param height Die Höhe des Rechtecks.
 * @return Die berechnete Fläche.
 */
fun calculateArea(width: Int, height: Int): Int {
    return width * height
}
```

15.10 Zusammenfassung

In diesem letzten Kapitel haben wir die wichtigsten **Best Practices** für die Arbeit mit Kotlin in der Produktion besprochen. Von **Code-Stilkonventionen**, über den **effizienten Einsatz von Sprachmerkmalen** wie Null-Sicherheit und Erweiterungsfunktionen, bis hin zu wichtigen Themen wie **Testen**, **Coroutines** und **Dokumentation**: Diese Praktiken helfen Ihnen, **stabileren**, **lesbareren** und **effizienteren Code** zu schreiben, der den

Anforderungen in einer professionellen Produktionsumgebung gerecht wird.

Durch die konsequente Anwendung dieser Best Practices können Sie sicherstellen, dass Ihre Kotlin-Anwendungen nicht nur funktional, sondern auch langfristig wartbar und erweiterbar bleiben. Kotlin bietet Ihnen eine mächtige Plattform, die mit diesen Prinzipien und Techniken zu noch besseren Ergebnissen führt.

Der Autor hat bisher folgende Bücher veröffentlicht:

Titel	ISBN
Go in der Praxis	979-8339062486
Container, Docker und Kubernetes	979-8340218391
Kotlin Programmierung	979-8343523539
Business Intelligence Basics	979-8339533467
Rust für Entwickler	979-8344961064
Programmieren mit R	979-8308053439